Doris Bopp

Landfrauen backen

Rezepte und Geschichten aus Baden-Württemberg

Ulmer

Leidenschaft Backen

Die meisten Landfrauen backen gerne, viel und wahrlich gut. Sie backen für ihre Familie, für Gäste und auch sonst. In vielen Jahren als Orts- und Kreisvorsitzende der Landfrauen habe ich Feste erlebt, zu denen wir wunderbare Torten und köstliche Kuchen beigesteuert haben. Und alle haben uns bescheinigt: Landfrauen-Kuchen sind etwas ganz Besonderes.

Das ist kein Wunder: Backen hat in den meisten ländlichen Familien Tradition. Immer schon gaben Mütter die besten Rezepte an ihre Töchter weiter und mit ihnen die Freude am Backen. Aus diesem Schatz an Erfahrungen schöpft dieses Buch, das Ihnen aber nicht nur uralte Rezepte vorstellt. Auch modernere sind dabei, die die Landfrauen erst dann backen konnten, als Kühlschränke und Elektrobacköfen in ihre Küchen einzogen.

Lange war ich Kursleiterin in der Erwachsenenbildung. So entstand diese Sammlung, deren Rezepte allesamt erprobt und bei vielen Kursteilnehmerinnen noch heute im Gebrauch sind.

Leserinnen von BWagrar haben das Buch mit Geschichten rund ums Backen angereichert. Schließlich erinnern vor allem die alten Rezepte an Backhäuschen, lange Backtage, das harte Leben auf dem Lande, aber auch an üppige Festtage und süße Nascherei en als willkommene Abwechslung.

In diesem Sinne wünsche ich Ihnen Spaß beim Lesen und viel Freude und gutes Gelingen beim Nachbacken!

Doris Bopp

☙ Inhalt ❧

Backen
fast wie früher

Von den Anfängen bis heute hat sich einiges beim Backen geändert. Doch das Wichtigste ist geblieben: der Duft, der das Haus erfüllt, der unnachahmliche Geschmack von frischem Selbstgebackenem und die Freude am Backen.

Backe, backe Kuchen ...

„Backe, backe Kuchen,
der Bäcker hat gerufen.
Wer will gute Kuchen backen,
der muss haben sieben Sachen:
Eier und Schmalz, Zucker und Salz,
Milch und Mehl,
Safran macht den Kuchen gel'.“

So hat es mir meine Großmutter vorgesungen und so singe ich es für meine Enkelkinder. Freilich geht es beim Backen nicht nur um die Zutaten. Backen und Kochen sind eine der ältesten Kulturtechniken der Menschheit. Getreide und andere stärkehaltige Samen sind deshalb nicht ohne Grund auch die weltweit wichtigsten Nahrungsmittel. Allerdings: Noch vor 100 Jahren war der Brotverbrauch bei uns mehr als doppelt so hoch wie heute. Doch viele Verbraucher besinnen sich heute wieder des Lebensmittels Brot – sei es aus gesundheitlichen oder aus geschmacklichen Gründen, wobei die Sortenvielfalt keine Wünsche offen lässt.

❧ Eine Kindheit in der Backstube ❧

Auch nachdem meine Großeltern die Bäckerei aufgegeben hatten, machte meine Großmutter – und später auch meine Mutter – alles selbst. Doch zum Backen brachten sie das Brot und alles andere, was gebacken werden musste, zum Bäcker. Das war damals ganz normal, die Nachbarn machten das auch so.

Schwarzbrot gab es bei uns jede Woche frisch. Am Vorabend wurde das Mehl in eine große Schüssel gefüllt, die Hefe in etwas warmem Wasser aufgelöst, in die Mitte gegeben und ein Vorteig angerührt. Zugedeckt mit einem sauberen weißen Tuch konnte er in der warmen Stube gehen. Am nächsten Morgen wurde der Teig geknetet, nach dem Gehen ausgeformt und in ein Strohkörbchen gelegt. Teig und Körbchen wurden dann mit Namenszeichen versehen und zum Bäcker gebracht.
Die Kennzeichnung mit Namen war wichtig, denn man wollte ja sein eigenes Brot wiederhaben. Wir hatten zu Hause Zettel mit den Anfangsbuchstaben des Namens meines Großvaters vorbereitet. Die Backbleche wurden auf der Unterseite mit Kreide beschriftet. Manchmal kam es aber doch zu Verwechslungen, und bei den betroffenen Familien hing dann der Haussegen schief.
Doris Bopp aus Dettingen unter Teck

Backen von alters her

Am Anfang stand der Getreidebrei, den unsere steinzeitlichen Vorfahren am Feuer vermutlich mehr quellen und warm werden ließen als kochten. Schon vor 30 000 Jahren mahlten und quetschten sie Körner zu Mehl. Mit Wasser vermischt, vielleicht auch mit Fett und Kräutern gewürzt, ergab

Frisch gebackenes Brot aus dem Holzbackofen ist früher wie heute eine Köstlichkeit.

das einen Brei, der das Überleben der Gruppe auch dann sicherte, wenn der Jagderfolg auf sich warten ließ. Getrockneter Brei ließ sich gut transportieren, das werden die nomadisch lebenden Menschen bald gemerkt haben. Deshalb ließen sie ihren Brei vielleicht auf heißen Steinen oder in der heißen Asche trocknen – die ersten Fladen entstanden. Der erste Backofen kann dann so ausgesehen haben: Der Teig kommt auf einen heißen Stein, darüber wird ein Topf gestülpt – schon bekommt der Teig Hitze von unten und von oben.

Für ein Brot braucht es aber mehr: Es braucht ein Triebmittel für den Teig, denn sonst ist das gebackene Wasser-Mehl-Gemisch hart wie Stein. Vermutlich war die Erfindung reiner Zufall: Der Getreidebrei stand neben dem warmen Feuer und begann zu gären. Gegart haben die Menschen ihn wahrscheinlich trotzdem. Und siehe da: Das entstandene Brot war locker, gut verdaulich und vermutlich lecker.

Später buken die Menschen den Teig in extra gebauten Lehmbacköfen – doch dazwischen war viel Zeit vergangen und unsere Vorfahren waren als Getreidebauern (und gewiefte Brotbäcker) schon lange sesshaft geworden.

Bei Ausgrabungen hat man entdeckt, dass schon die Babylonier um 4000 v. Chr. Backöfen bauten und Brot darin buken. Im alten Ägypten nutzten die Bäckereien zum Backen sogenannte Tonnenöfen. Der Teig garte dabei in einer heißen Tonne und wurde zu Brot. Von Grabmalereien weiß man, dass die Ägypter auch die ersten Plattenbacköfen erfanden, bei denen das Brot auf einer heißen Platte buk. Damit stammen die Vorgänger unserer heutigen Backöfen aus dem Reich der Pharaonen.

Brot und Spiele

Im alten Ägypten hatte das Brot seine erste Blütezeit. Bereits im Alten Reich, zwischen 2700 und 2100 v. Chr., entstanden gewerbliche Bäckereien, die verschiedene Brotsorten im Angebot hatten. Weil die Ägypter ihren Verstorbenen Brot als Wegzehrung ins Jenseits mitgaben, wissen wir heute sogar, wie dieses altägyptische Brot aussehen konnte.

Die Griechen übernahmen die Kunst des Brotbackens von den Ägyptern und entwickelten sie weiter. In Rom entstanden um 200 v. Chr. die ersten großen Backbetriebe. Schon 100 Jahre später war das Bäckerhandwerk durch straffe Regeln organisiert. „Brot und Spiele" hieß es im alten Rom, beides war für die Bürger der Stadt kostenlos.

In Mitteleuropa wurde bis zum 16. Jahrhundert als Brotgetreide überwiegend Gerste verbacken, heute dagegen vorwiegend Weizen und regional auch Roggen und Dinkel.

Andere Getreidesorten wie Buchweizen, Hirse und Mais werden hauptsächlich dort verwendet, wo die Pflanzen ursprünglich herkommen, im Fall von Mais etwa ist das Mittel- und Südamerika. Dort bestehen noch heute viele Fladen- und Brotarten, wie etwa die Tortillas, aus Maismehl.

Vom Blechkuchen zur Sahnetorte

Früher – ich meine jetzt die Zeit vor und kurz nach dem zweiten Weltkrieg – buken die vielbeschäftigten Bäuerinnen hauptsächlich Schwarzbrot, Weißbrot und süßes Hefegebäck. Obstkuchen wie Apfel-, Zwetschgen- oder Träubleskuchen (Johannisbeerkuchen) gab es an Festtagen, wie zum Beispiel an Geburtstagen oder Hochzeiten. Ein Käse- oder Rührkuchen kam nur selten auf den Tisch.

∞ Das Teig-Wägele ∞

Als Junge im Alter von ungefähr neun Jahren musste ich den vorbereiteten Teig im Leiterwägele zum Bäcker bringen. Meine Familie wohnte am Rand eines Dorfes auf den Fildern. Die Straße war etwas abschüssig und mit Rollsplitt belegt. Damit es schneller ging, setzte ich mich auf die Seite des Wägelchens und schob mit einem Fuß an. Manchmal wurde es doch zu schnell und holprig und es kam vor, dass ein Körbchen aus dem Wagen fiel, und der Teig auf die Straße rollte. Grob gesäubert wurde er dann wieder zurückgelegt und die restliche Strecke zum Bäcker vorsichtiger gefahren. Ab und zu war dann aber doch ein Steinchen im Teig eingebacken und man musste beim Essen vorsichtig sein.
Heinz Bopp aus Dettingen unter Teck

Torten nur im Buch

Torten waren auf dem Land früher weitgehend unbekannt. Nur zu ganz besonderen Anlässen gab es etwa eine Schwarzwälder Kirschtorte. Buttercremetorten mit aufwändiger Verzierung konnten die Frauen hauptsächlich in Kochbüchern bestaunen.

Dass es auf dem Land früher keine Torten gab, hatte mehrere Gründe: Erstens sind vor allem Sahne- und Cremetorten noch gar nicht so alt – schließlich gab es keine Kühlschränke, um

Mit einem Rührgerät sind Kuchenteige im Handumdrehen gemacht.

Torten zu kühlen. Zweitens waren die Bäuerinnen früher viel zu beschäftigt, um sich mit aufwändigen Tortengebilden aufzuhalten. Für sie waren die süßen Hefe-Blechkuchen das höchste der Gefühle und eher Nebenprodukte der anstrengenden Backtage. Die Kinder freilich freuten sich schon Tage vorher auf die süßen Leckerbissen.

Erst als die elektrischen Backöfen in die Haushalte Einzug hielten, wurde Kuchen auch zu Hause gebacken – vorher ging man mit den fertigen Blechen zum Bäcker oder ins Backhaus. Nur das Brot wurde weiterhin zum Bäcker gebracht, denn dort gab es die bessere Hitze.

Moderne Zeiten mit Tradition

Mit den elektrischen Rührbesen, Kühlschränken und Backöfen zog auch eine neue Küchen- und Backkultur in die Bauernhöfe ein. Die kreativen Landfrauen entwickelten schnell eine Vielzahl von neuen Kuchen- und Tortenrezepten. Die sonntägliche Kaffeetafel war der heimliche Höhepunkt der ganzen Woche.

Doch die Zeiten ändern sich: Leider haben viele junge Frauen durch Familie und Beruf immer weniger Zeit, selbst zu backen.

Wer aber die Liebe zum Backen entdeckt hat, wird davon nicht mehr loskommen. Der unvergleichliche Geschmack von Selbstgebackenem, zu dem auch der verlockende Backduft gehört, kann durch nichts ersetzt werden.

Rund ums Jahr backen

Der Alltag der Bauern war früher karg und hart. Gegönnt hat man sich selten etwas, dazu war der Vorratskeller meist zu leer, die Zeit zu knapp. Doch wenn dann ein Fest anstand, ein kirchliches etwa, oder eines in der Familie, dann wurde aufgetischt. Nur das Beste kam auf den Tisch, und davon reichlich: An Ostern wurde das Brot mit getrockneten Früchten und Nüssen verbessert, die Hochzeitssuppe beinhaltete einfach alles, was die Küche hergab, und eine schwäbische Hausfrau, die was auf sich hielt, buk an Weihnachten 15 verschiedene Plätzchensorten – mindestens.

Von Neujahrsbrezel bis Osterkranz

In vielen ländlichen Gegenden bestimmen noch heute alte Bräuche und Traditionen das Backen im Jahreslauf. Schon dem ersten Tag im Jahr war ein besonderes Gebäck gewidmet: An Neujahr gab es bei uns im Albvorland die Neujahrsbrezel. An Fastnacht freuten sich Kinder wie Erwachsene über die Fastnachtsküchle – das sind leckere Krapfen aus süßem Hefeteig, in Fett ausgebacken. Zur Fastenzeit gab es dann die bleichen Fastenbrezeln. Die taucht der Bäcker vor dem Backen nicht in Lauge, sondern in heißes Was-

ser. Deshalb bleiben sie ganz licht und hell. Der Karfreitag wartete mit einer weiteren gebackenen Köstlichkeit auf – der Karfreitagsbrezel. Die buken manche Bäcker sogar am Karfreitagmorgen frisch.

Natürlich durfte auch an Ostern frisch Gebackenes nicht fehlen: Da buken die Frauen meist Gebäck aus Hefeteig, es gab aber auch Osterhasen aus Mürbteig und zum Osterfrühstück einen duftenden Osterkranz.

Von Zwiebelkuchen bis Schnitzbrot

Zu Kirchweih (Kirbe) standen meist mehrere Zwiebelkuchen auf dem Tisch. Außerdem schoben die Hausfrauen zur Feier des Tages auch noch eine ganze Reihe von Obstkuchen in den Ofen. Auf den Fildern, wo das bekannte Spitzkraut angebaut wird, gab es natürlich Krautkuchen.

Schon im Spätsommer und Herbst begannen die Vorarbeiten für die Weihnachtsbäckerei. Die wichtigste Zutat des Schnitzbrots – so wird das Früchtebrot in Württemberg genannt – wurde vorbereitet und lagerte anschließend in reinen Leinsäcken an einem luftigen Ort. Gemeint sind die getrockneten Birnenschnitze, von denen sich der Name „Schnitzbrot" ableitet. Das Obst musste, in gleichmäßige Schnitze geschnitten, gleich nach der Ernte im Herbst getrocknet werden. Früher nutzten die Frauen die Nachwärme in den Backöfen oder trockneten die Früchte auf Obstdarren. Manche legten die immer dunkler und faltiger werdenden Schnitze (Hutzeln) auch auf große Bleche in die Sonne. Apfelringe hingen sauber aufgefädelt zum Trocknen im warmen Zimmer – ein ebenso dekorativer wie duftender Zimmerschmuck.

Bis heute ist es in vielen Familien Brauch, dieses Trockenobst selbst herzustellen. Nur die Art der Trocknung hat sich geändert. Heutzutage trocknen elektrische Backöfen oder Dörrapparate die Früchte schnell und bequem.

Manche Schnitzbrot-Rezepte sehen Walnüsse vor. „Nussen klauben", Nüsse sammeln, war oft die Arbeit der Kinder. Das war mühselig und mit schmutzigen Händen verbunden, denn die grünen Schalen und Fasern der äußeren Nussschale mussten dabei abgestreift werden. Und die färbten fürchterlich. Doch es war nötig, denn sonst konnten die Nüsse nicht gewaschen und in großen Sieben in der Sonne getrocknet werden.

Springerle sind ein sehr traditionelles Weihnachtsgebäck.

Weihnachtsdosen voller Köstlichkeiten

Die Adventszeit war für die Frauen anstrengend und arbeitsreich. Mehrere Tage dauerte es, bis die Plätzchen endlich fertig waren. Gut verpackt blieb das Gebäck bis zum Heiligen Abend sicher verwahrt. Erst dann durfte genascht werden. Schließlich war die Adventszeit früher eine Fastenzeit. Die Kinder konnten das oft kaum erwarten und durchsuchten heimlich das Haus nach der Dose voller Köstlichkeiten. Nur einmal reinschnuppern dürfen, das wünschten sie sich sehnlich. Die Vorfreude auf Weihnachten war riesengroß!

Zur Vorweihnachtszeit gehörte in manchen Gegenden von Württemberg auch das Backen von Mütschele (Seite 48). Das ist ein speziell geformtes Gebäck aus einem Hefeteig mit Milch und Butter.

Ein Brauch, der sich bis heute in unserem Dorf erhalten hat, ist das sogenannte „Paschen" am 2. Weihnachtsfeiertag: Wer beim Würfelspiel gewinnt, erhält eine Neujahrsbrezel. Eine Männerangelegenheit übrigens, die sich in Wirtschaften und Vereinsheimen abspielt.

Familienfeste

Zu Familienfesten wie Taufen, Konfirmationen und Hochzeiten tischten die Frauen besonders viel auf. Dabei gehörte Gebackenes zur Festtafel unbedingt dazu. In Notzeiten entstand wohl in manchen Dörfern der Brauch, derjenigen Familie Backzutaten zu schenken, die solch ein Fest auszurichten hatte. Verwandte, Freunde und Nachbarn brachten also Eier, Butter, Zucker und Mehl schon ein bis zwei Wochen vor dem Fest vorbei, damit die Hausfrau genügend Zeit zum Backen hatte. Als Gegenleistung bekamen sie dann ein großes Stück Hefezopf oder Rührkuchen geschenkt.

Auch war es üblich, dass die Konfirmanden am Tag nach der Konfirmation den übrig gebliebenen Kuchen zu denen brachten, die sie beschenkt hatten. Dies war gleichzeitig die Gelegenheit, sich persönlich zu bedanken. Oft wurde für diesen Rundgang noch extra gebacken. Im Hohenlohisch-Fränkischen zum Beispiel gab es (und gibt es mancherorts noch heute) dafür die fettgebackenen, knusprigen Schneeballen.

Für den „Leichenschmaus" nach Beerdigungen bestellte die trauernde Familie beim Bäcker besonders gute, mit Milch gebackene Laugenbrezeln und Hefezopf mit und ohne Rosinen (Zibeben). Auch zum Vesper ließ man extra Brot backen. Die Hälfte davon war immer mit Kümmel gewürzt, dies war etwas ganz Besonderes.

Gut zu wissen

Bevor Sie mit dem Backen loslegen, finden Sie auf den folgenden Seiten allerlei hilfreiche und wissenswerte Informationen zu Zutaten und Arbeitsgeräten.

Getreidesorten

Weizen ist heute das wichtigste Brotgetreide der Erde. Die Hauptanbaugebiete liegen in den USA, Südamerika, Kanada und in Teilen Europas. Durch den hohen Gehalt an Klebereiweiß hat Weizen eine sehr gute Backfähigkeit. Kleber gibt Broten und Gebäck Volumen, Festigkeit und Elastizität.

Dinkel, Emmer und Einkorn zählen zu den Urgetreiden. Alle haben einen hohen Nährwert und sind Spelzgetreidesorten, weil ihre Körner von festen Hüllen (Spelz) umgeben sind.

Dinkel wird in Baden-Württemberg wieder vermehrt angebaut. Die Dinkelanbaufläche ist von 1999 bis 2009 von 5300 auf 13 000 Hektar gestiegen. Im 19. Jahrhundert war Dinkel mit einer Gesamtfläche von 200 000 Hektar in Württemberg das wichtigste Brotgetreide, weil es auch auf kargen Böden wuchs.

Grünkern ist das schwach geröstete Korn vom unreifen Dinkel. Er wird vor allem zu Suppen verkocht. Außerdem schmecken Grünkern-Aufläufe, -Puddings, -Klöße oder -Bratlinge lecker.

Grünkern spielt in der vegetarischen Kost eine wichtige Rolle.

Roggen ist das wichtigste einheimische Getreide. Wie der Weizen enthält er Klebereiweiß und eignet sich zum Backen. Roggenteig ist allerdings sehr schwer. Deshalb sollte er mit Sauerteig verarbeitet werden, dessen leicht säuerlicher Geschmack den des Roggens ohnedies gut ergänzt.

Gerste wird zu Graupen, Flocken, Schrot, Grütze und Mehl verarbeitet. Zum Backen wird Gerstenmehl nur wenig und nur in Verbindung mit Weizen- oder Roggenmehl verwendet.

Hafer hat wenig Stärke, dafür wesentlich mehr Fett als andere Getreidesorten. Seine Backfähigkeit ist gering, deshalb wird er hauptsächlich zu Flocken verarbeitet.

Mais ist eine in Amerika heimische Pflanze, die auch in Europa vor allem im Mittelmeergebiet verbreitet ist. Mais wird zu Flocken, Grieß oder Mehl verarbeitet. Maismehl ist wegen des fehlenden Klebers nur bedingt zum Brotbacken geeignet. Besondere Bedeutung hat Maismehl aber in der Diätküche: Bei Zöliakie – das ist eine Getreideunverträglichkeit – kann mit ihm eine Besserung des Krankheitsbildes erreicht werden.

Hirse spielte bis zum 19. Jahrhundert eine große Rolle in unserer Ernährung. Sie ist ein wertvoller Mineralstoffträger (Kieselsäure). Es ist schade, dass sie als Nahrungsmittel in Vergessenheit geraten ist. Hirseflocken eignen sich zur Herstellung von süßen und pikanten Aufläufen, Müslis, Puddings und Klößen.

Buchweizen wird hauptsächlich in Norddeutschland, in Russland und Südtirol angebaut. Die Körner sind klein, dreieckig und haben eine harte Schale. Buchweizen wird zu Mehl, Grieß und Grütze verarbeitet.

Inhaltsstoffe

Getreide enthält eine Fülle von lebenswichtigen Nährstoffen und hat eine große Bedeutung für die menschliche Ernährung. Getreide und Getreideprodukte sind die weltweit wichtigsten Nahrungsquellen und decken über die Hälfte des Energie- und Eiweißbedarfs der gesamten Weltbevölkerung. Das Getreidekorn besteht aus dem stärkereichen Innenteil des Korns, dem Mehlkörper, der von vitamin-, mineral- und ballaststoffreichen Randschichten umgeben ist, sowie aus dem Keimling. „Unser täglich (Vollkorn-)Brot" trägt also viel zu einer gesunden Ernährung bei.

Kohlenhydrate braucht der Körper als Energiequelle. Im Getreide befinden sie sich hauptsächlich in der Stärke des Mehlkörpers.

Ballaststoffe galten lange Zeit als überflüssig. Inzwischen ist aber bekannt, dass sie eine positive Wirkung auf Stoffwechsel und Darmfunktion haben. Ballaststoffe befinden sich hauptsächlich in den Randschichten des Getreides. In Deutschland sind Mehl und Schrot die wichtigsten Quellen für Ballaststoffe. Die meisten davon stecken natürlich im vollen Korn. Doch selbst die hellen Mehle sind ballaststoffreicher als die meisten anderen Lebensmittel.

Eiweiß braucht der menschliche Organismus für Wachstum, Zellerneuerung, Muskelbildung und für den Stoffwechsel. Die Bedeutung des Getreides als Eiweißlieferant wird häufig unterschätzt, dabei nimmt es bei der Eiweißversorgung in Deutschland nach Fleisch den zweiten Platz ein.

Vitamine, Mineralstoffe und Spurenelemente sind für Leistungsfähigkeit und Wohlbefinden unentbehrlich. Mehl und Schrot sind besonders wertvolle Lieferanten für die Vitamine der B-Gruppe, die für Konzentration und Nervensystem wichtig sind. Zudem helfen sie dem Körper, die Kohlenhydrate optimal in Energie umzusetzen. Brot liefert außerdem zahlreiche Mineralstoffe und Spurenelemente wie Kalzium, Kalium, Magnesium und Eisen.

Mehlsorten

Heute werden bei uns hauptsächlich die Weizenmehlsorten Type 405 = weißes Mehl, Type 1050 = „schwarzes" Mehl oder Brotmehl und Weizenvollkornmehl verwendet. Bei Roggenmehl gibt es die Typen 610 und 1150.

☙ *Das Mehl hat's verraten* ❧

Am Kirbesamstag wurden Obstkuchen und Zwiebelkuchen gemacht – für den Bäcker war das ein anstrengender Tag, denn er hatte zu seiner normalen Arbeit oft mehr als 50 Kuchen zu backen. Sehr gerne holte ich das Gebackene am Nach-

Weizenmehl wird am häufigsten für Backwaren verwendet.

mittag vom Bäcker ab, denn die Backstube war einer der Lieblingsplätze meiner Kindheit. Der Bäcker war ein netter, fröhlicher Mann, der sich sehr freute, wenn wir Nachbarskinder einen Besuch bei ihm machten. Die Backstube lag einen Stock tiefer als der Laden und die Küche. Es gab aber ein kleines Fenster, durch das die Bäckersfrau von der Küche in die Bäckerei sehen konnte. Wenn es dort laut und lustig zuging, schaute sie oftmals etwas grimmig herunter. Sie dachte wohl, wir würden ihren Mann von der Arbeit abhalten.

Der Bäcker hatte zwei Backöfen übereinander. Um in den oberen hineinsehen zu können, benutzte er eine dreistufige Treppe. Diese stand immer griffbereit an der rechten Seite des Backofens. Dort setzte ich mich auf die oberste Stufe und sah dem interessanten Treiben zu. Oftmals vergaß ich die Zeit und kam zu spät nach Hause. Meine Mutter, die ahnte, wo ich war, sagte dann immer: „Dreh dich mal um!" War mein Hinterteil weiß von Mehl, wusste sie sofort, wo ich so lange gewesen war.

Doris Bopp aus Dettingen unter Teck

Vollkornmehl und Vollkornschrot sind die wertvollsten Mehlsorten, was die Inhaltsstoffe anbelangt. Sie sind aber nicht lange lagerfähig.

Der **Ausmahlungsgrad,** also der Typengrad des Mehls, ist durch eine Zahl gekennzeichnet, zum Beispiel „Weizenmehl Type 405". Diese **Typenzahl** ist nicht willkürlich gewählt: Werden 100 g Weizenmehl der Type 405 verbrannt, so bleiben 405 Milligramm Asche übrig. Je mehr Asche anfällt, umso höher war der Gehalt an Mineralstoffen und desto höher ist entsprechend die Typenzahl. Ein niedriger Grad bedeutet, dass die Randschichten fast ganz fehlen. Mit anderen Worten: Je höher die Typenzahl, desto „gesünder" ist das Mehl, weil der Anteil der Randschichten und damit auch der Gehalt an Vitaminen, Mineralstoffen und Ballaststoffen höher ist.

Grieß ist das körnig gemahlene Produkt aus dem Mehlkörper, dem Innenteil des Korns. Grieß hat einen hohen Eiweißgehalt und eine gute Quellfähigkeit. Er wird zu Suppen, Soßen und Puddings verarbeitet.

Dunst ist feinkörniger als Grieß, er eignet sich für feine Hefegebäcke und Strudel.

Mehl hat die feinste Mahlstufe.

Schrot hat die gröbste Mahlstufe. Schrot enthält die meisten Bestandteile aus den Randschichten, aber keinen Keim.

Vollkornschrot ist die einzige Mehlart, bei der der komplette Keim enthalten sein muss.

Keime sind die wertvollsten Bestandteile der Getreidekörner. Sie werden aber, außer bei Vollkornprodukten, schon in der Mühle entfernt. Keime schmecken leicht bitter und sind wegen des hohen Fettgehalts nicht lange haltbar, denn das Fett wird leicht ranzig. Sie werden als wertvoller Brotzusatz oder als Zutat zu Müslis, Suppen und Salat verwendet.

Kleie besteht aus den Randschichten und dem Keim des Getreidekorns. Entsprechend reich an Mineral- und Ballaststoffen ist sie. Kleie ist durch den hohen Gehalt an Zellulose verdauungsfördernd.

Spezialmehle werden durch besondere Verfahren oder mit bestimmten Zusätzen hergestellt.

Instant-Mehle verklumpen nicht, wenn sie mit Wasser vermischt werden. Dies wird durch ein Spezialverfahren erreicht.

Fertigmehle erleichtern das Backen im Haushalt. Dazu gehören die Back-, Brot- und Kuchenmehle.

Die Typen sind Typsache

Weizenmehl ist in den folgenden Mehltypen auf dem Markt:

- 405 für Feingebäck und Kuchen (auch als Auszugsmehl bezeichnet)
- 550 für helles Kleingebäck und Brötchen
- 1050 für Brot (bei uns auch Schwarzmehl oder Brotmehl genannt)
- 1700 Backschrot ohne Keim
- 2000 Vollkornschrot mit Keim

Roggenmehl gibt es in folgenden Typen:

- 610 für Feingebäck (Auszugsmehl)
- 1150 für Brot
- 1800 als Backschrot

Teigbereitung

Nur vier Dinge brauchen Sie für ein gutes Brot: Mehl, Wasser, Salz und ein Lockerungs- oder Triebmittel. Alle anderen Zutaten sind für den Teig selbst nicht mehr unbedingt nötig, sie verändern nur noch den Geschmack. Wasser lässt das Mehl quellen und macht es in Verbindung mit der Backhitze erst genießbar. Salz gibt dem fertigen Brot nicht nur einen besseren Geschmack, sondern schon beim Backen einen besseren Stand – es festigt das Klebereiweiß im Mehl. Die üblichen Lockerungsmittel für den Brotteig sind Hefe- oder Sauerteig.

Locker und luftig

Sauerteig ist ein Gemisch aus Roggenmehl und Wasser, das zum Gären gebracht wurde. Er enthält Hefepilze und Milchsäurebakterien, die dem Brot den typischen Geschmack geben. Sauerteig können Sie fertig kaufen oder selbst ansetzen (Grundrezept Seite 31).

Hefe gibt es als Frischhefe und als Trockenhefe. Die frische Hefe wird in Würfeln von 42 g angeboten und reicht in der Regel für einen Teig aus einem

Kilo Mehl. Frischhefe wird am besten mit etwas lauwarmer Flüssigkeit und einer Prise Zucker angerührt. Zucker und Wärme sind wichtig, denn beides braucht der Hefepilz zur Entwicklung. Die Trockenhefe wird gleichmäßig mit dem Mehl vermischt, dann werden die weiteren Zutaten dazugegeben und der Teig fertig geknetet. Auch hier hilft es der Hefe, wenn die Zutaten handwarm sind.

Zutaten

Nur gute, einwandfreie Zutaten bringen auch ein gutes Ergebnis. So ist die Qualität des Mehls für den Geschmack des Brots ebenso entscheidend wie die Qualität des Belags für den Kuchen. Backen Sie einen Obstkuchen, sollten Sie daher darauf achten, nur das Obst zu verwenden, das gerade Saison hat. Denn ausgereiftes Obst hat den besten Geschmack.

Wenn Sie selbst Beeren im Garten haben, können Sie diese erntefrisch einfrieren und später zu Obstkuchen, Torten und Desserts verwenden. Damit der gute Geschmack von Erdbeeren erhalten bleibt, lohnt es sich, die Erdbeeren zu pürieren und mit etwas Zucker portionsweise einzufrieren. Brombeeren können gut mit Zucker aufgekocht und dann püriert werden. Johannisbeeren werden gefroren oder nur leicht angetaut unter die Quark- oder Baisermasse gehoben. Zwetschgen sollten aufgetaut verwendet werden. Sie sehen: Früchte und Beeren lassen sich hervorragend einfrieren. So geben Sie auch im Winter schnell ein gutes Ausgangsprodukt für Kuchen, Torten oder Fruchtsoßen.

Backöfen

Das Backen im Holzbackofen ist heute noch in vielen ländlichen Gemeinden möglich, weil die alten Backhäuser oft liebevoll renoviert worden sind. Dort können die Dorfbewohner ihr Backhäusle an bestimmten Tagen anmieten und benutzen. Es sind vielerorts auch die Landfrauenvereine, die die Tradition des Backens im Holzbackofen am Leben erhalten. Sie heizen dann die alten Backöfen wieder an und lassen jedermann an dem Geschmack des Brotes teilhaben, das da aus den düsteren Ofenlöchern hervorkommt. Auch der Geruch ist himmlisch: Der Duft nach frischem Brot mischt sich mit dem würzigen Raucharoma des Holzbackofens. Einmalig und einmalig lecker!

❧ Die Würze des Hudelwischs ❧
Die Backtage in meiner Kindheit und Jugendzeit (ich bin 1946 geboren) sind mir noch immer gut in Erinnerung.
Vor dem Backtag war für unsere Mutter und Oma einiges vorzubereiten: Sie mussten das Feuerholz für den Backofen vorbereiten, die „Backmulde" in die Küche stellen, das Mehl sieben, den „Hefel" einweichen und den „Nachteig" anrühren. In dessen Oberfläche ritzten sie immer ein Kreuz, damit das Brot gut wurde. Für die Kuchen wurden, je nach Jahreszeit, Äpfel geschält, Zwetschgen entsteint oder Zwiebeln geschnitten. Unser Vater hat aus Tannenreisig einen „Hudelwisch" gemacht. Der wurde zum

Der traditionelle Holzbackofen ist heute wieder sehr beliebt.

Auskehren des Ofens genutzt und sorgte für einen besonders würzigen Geschmack.

Am Backtag musste unsere Mutter immer besonders früh aufstehen. Noch vor dem Melken hat sie den Brotteig in der Backmulde gut durchgeknetet, damit der genügend Zeit zum Gehen hatte.

Im Backhaus hat denn auch bald schon das Feuer geprasselt und geraucht. Ein ganz besonderer „Backtag-Geruch" lag in der Luft. Nach der Schule gab es zum Mittagessen dann die leckeren Salz- und Zuckerkuchen mit Kaffee für die Großen und Kakao für die Kinder.

Mein elterliches Backhaus steht noch heute – voll funktionsfähig – im Schwäbischen Wald und gehört heute der Gemeinde „Sulzbach-Murr". Alle zwei Jahre findet dort ein großes Backhausfest statt, das viele Besucher anzieht.

Helga Holzwarth aus Murrhardt

Auch in Freilichtmuseen stehen Holzbacköfen, die mitunter in Betrieb genommen werden. Oft sind es auch hier die Landfrauenvereine, die diese Backhäuser beleben.

Wer zuhause ein Brot backen will, das dem Backhausbrot nahe kommt, kann sich die Anschaffung eines elektrischen Backofens überlegen, der mit Schamottesteinen ausgelegt ist. Diese Öfen sind ohne großen Aufwand zu benutzen und Brot und Kuchen gelingen ausgezeichnet. Viele Familien haben sich in den letzten 20 Jahren einen solchen Backofen angeschafft. Kleinere Mengen an Brot und Brötchen sind heute aber auch sehr gut im normalen Backofen zu backen.

Arbeitsgeräte

In den meisten Haushalten gibt es heute eine Küchenmaschine. Das erleichtert das Kneten und Rühren erheblich.

Brot wird auf einem Backblech oder in Backformen gebacken. Spezielle Schamottesteine, auf denen das Brot direkt gebacken werden kann, sind als Sonderzubehör zu vielen Elektrobacköfen erhältlich.

In zahlreichen bäuerlichen Familien gibt es noch heute große Elektrobacköfen, in denen eine größere Anzahl an Broten gleichzeitig gebacken werden kann. Elektrische Steinbacköfen sind eine gute Alternative zum Backhaus und das aufwändige Anheizen mit Holz entfällt. Auch die steigenden Verkaufszahlen der Brotbackautomaten beweist, dass viele Familien wieder Interesse an selbstgebackenem Brot haben.

Aufbewahrung

Zwei Dinge sind wichtig für die richtige Brotbehandlung: Aufbewahrung und Sauberkeit.

Grundsätzlich bleiben Roggenbrote, besonders Schrot-, Vollkorn- und Mischbrote mit hohem Roggenanteil, länger frisch, weil sie einen höheren Säureanteil als Weizengebäcke haben.

Entscheidend ist aber die richtige Aufbewahrung. Brot, Brötchen und alle Sorten an Kleingebäck sind bei Zimmertemperatur am besten aufgehoben. Soll Brot lange frisch bleiben, sollten Sie es vor dem Austrocknen schützen. Dies funktioniert am besten, wenn Sie das Brot luftdicht lagern. Geeignet sind Kunststoffbeutel oder -folien, aber auch Steingut- und Keramiktöpfe oder Brotkästen ohne Luftlöcher oder Schlitze. Allerdings: Ist das Brot noch zu feucht, kann es leicht schimmeln.

Normalerweise gehört Brot nicht in den Kühlschrank, denn bei Kühlschrank-Kälte wird es schneller altbacken. Feuchtwarme Witterung macht da allerdings eine Ausnahme. Dann nämlich vermehrt sich Schimmel prächtig und es kann sinnvoll sein, das Brot kurzfristig in den Kühlschrank zu legen. Tiefgefroren hält Brot einige Wochen lang frisch.

Sauberkeit: Wenn das Brot aus dem Ofen kommt, ist es durch seine keimfreie Kruste erst einmal geschützt. Die hohe Temperatur des Backofens hat alle Keime und Schimmelpilze vernichtet. Ist das Brot dann angeschnitten, begünstigt die Feuchtigkeit die Bildung von Schimmel. Deshalb ist es sinnvoll, den Brotkasten so sauber wie möglich zu halten und alte Brotreste und Krümel zu entfernen, wenn neues Brot hineinkommt. Wer die Dose vorher mit ein paar Spritzern Essig oder Essigwasser auswischt, kann dem Schimmelpilz wirkungsvoll vorbeugen.

☙ Die Schimmelblüte ❧

Alle drei Wochen wurden etwa zwanzig große Brotlaibe gebacken und ohne Gefriertruhe im Mostkeller auf einer „Brothänge" aufbewahrt. Das Brot wurde oft – vor allem im Sommer, wenn das Korn blühte – schimmelig. Man hat den Schimmel dann halt abgebürstet und das Brot ohne Bedenken gegessen.
Elfriede Rauscher aus Hohenheim-Ödenwaldstetten

Alte und neue Rezepte vom Land

Jetzt kann es losgehen: Genießen Sie hundertfach erprobte Landfrauen-rezepte in allen Varianten. Vom filigranen Ananastörtchen bis zum rustikalen Zwiebelkuchen ist für jeden Geschmack etwas dabei.

Abwechslung mit Grundrezepten

Grundrezepte, das sagt der Name schon, sind die Grundlage aller Brote und Kuchen. Wer sie variieren kann, der hat unendlich viele Möglichkeiten, Köstlichkeiten auf den Tisch zu zaubern. Lassen Sie sich von diesen Rezepten zum Experimentieren anregen!

Man nehme, so man hat

Selten einmal werden Bäuerinnen früher besonders aufwändige Kuchen gebacken haben. Der normale Alltag war einfach zu karg und arbeitsreich dafür. Deshalb geben auch die handgeschriebenen Rezeptsammlungen der Großmütter meist nur die besonderen Kuchen und Gerichte wieder. Die Grundrezepte sucht man vergeblich darin, denn die beherrschten die Bäckerinnen damals wie im Schlaf.

Als Auflage verwendeten sie, was gerade da war – und seien es „nur" Butter und Zucker oder Salz, Öl und ein paar Kräuter. Auf einem frisch gebackenen Hefeteig gibt es ohnedies fast nichts Besseres!

Auf die Obstkuchen kam das Obst, das gerade reif war oder weg musste. Darüber einen Guss oder auch nicht – je nachdem, ob gerade Sahne oder Dickmilch da war.

Ich habe Ihnen deshalb ein paar Grundrezepte zusammengestellt, mit denen Sie arbeiten können wie unsere Vorfahrinnen. Ganz nach Lust und Laune. Übrigens: Im eigentlichen Rezeptteil wird auf die hier folgenden Grundrezepte nur noch verwiesen.

Hefeteig

❧ Die Teigentlüftung ❧

Am Backtag hatte meine Mutter den Teig geknetet und, mit einem großen Tuch abgedeckt, gehen lassen. Ich habe immer wieder das Tuch gelupft und dem Teig eine Weile beim Gehen zugeschaut. Dann kam ich auf die Idee, mit dem Finger in die entstehenden Blasen „reinzustupfen", also hineinzustechen. Ich war ganz verwundert, dass der Teig sofort reagierte und etwas zusammenfiel. Das hat Spaß gemacht und deshalb habe ich so lange gestupft, bis der Teig wieder ganz unten war. Dann wollte meine Mutter das Brot einschießen und sah, was ich gemacht hatte. Sie musste den ganzen Teig noch einmal kneten und gehen lassen. Ich glaube, das Brot ist damals nicht so gut geworden. Das weiß ich aber nicht mehr so genau. Jedenfalls durfte ich von diesem Zeitpunkt an am Backtag nicht mehr in die Nähe des Teiges kommen.
Sabine Felder aus Aulendorf

Hefeteig hat besondere Vorteile: Er ist anspruchslos, ergiebig und einfach in der Herstellung. Die Zutaten Fett, Ei und Zucker können fast beliebig vari-

Ein einfacher Hefeteig ist vielseitig einsetzbar.

iert werden. Und wer den Dreh mit dem Kneten einmal 'raus hat, weiß, wie schnell ein Hefeteig fertig ist. Außerdem ist er vielseitig wie kaum ein anderer Teig. Durch die Wahl der Geschmackszutaten und die Möglichkeiten der Formgebung ist für große Abwechslung gesorgt: Hefezopf, Pizza, Brötchen, Hefe-Nikolaus – all das entsteht aus einem Hefeteig. Die Variationsmöglichkeiten sind schier unendlich!

Je nach Belieben kann der Hefeteig – das Grundrezept lässt ihn mittelfest werden – durch Zugabe oder Kürzung von Flüssigkeit etwas weicher oder fester gemacht werden. Wichtig aber: Die benötigte Flüssigkeitsmenge hängt auch von der Eigröße, der Beschaffenheit des Fettes und des Mehls ab und kann vom Grundrezept abweichen. Der Hefeteig muss gehen, das heißt, die Hefe muss sich entwickeln,

um den Teig zu lockern. Wie lange das dauert, hängt gänzlich von der Temperatur ab. Sind Zutaten und Küche kalt, dauert es wesentlich länger. Sind sie warm, geht alles ganz fix.

Der Teig vor dem Teig

Hefe besteht aus lebendigen Pilzkulturen, die etwas Fingerspitzengefühl in der Verarbeitung verlangen: So darf Hefe zum Beispiel nie mit sehr heißer Milch verrührt werden, denn sonst geht sie kaputt. Es ist üblich, die Hefe mit einem sogenannten **Vorteig** zum Leben zu erwecken. Dazu wird die frische Hefe in warmer Milch oder warmem Wasser aufgelöst und in eine Kuhle des Mehls eingerührt. Es gehört auch etwas Zucker dazu, den die Hefekulturen zur Entwicklung brauchen. Wenn das Vorteiglein sichtbar Blasen wirft und deutlich aufgegangen ist, kann der Teig komplett verknetet werden. Hinterher muss er dann aber trotzdem noch einmal gehen. Wer Trockenhefe verwendet, braucht keinen Vorteig anzurühren, muss aber auf den etwas intensiveren Geschmack der frischen Hefe verzichten.

> *Tipp*
> Eine Küchenmaschine mit Knethaken eignet sich besonders gut zur Herstellung von Hefeteig.

Hefeteig salzig

500 g Mehl
20 g Hefe
1 EL Salz
⅛–¼ l Milch oder Wasser
1 Prise Zucker
50–100 g Butter, weich

Mehl in eine Schüssel sieben, in der Mitte eine Vertiefung bilden. Für den Vorteig Hefe mit etwas lauwarmer Flüssigkeit und 1 Prise Zucker anrühren und in die Vertiefung geben. Mit einer Gabel etwas Mehl in die aufgelöste Hefe einrühren, so dass ein dicklicher Brei entsteht. Zugedeckt 15 Minuten gehen lassen.

Nun Fett, Salz und Flüssigkeit (nach und nach) zugeben und so lange kneten, bis sich der Teig vom Schüsselrand löst und eine glatte Oberfläche hat. Zugedeckt zu doppelter Größe gehen lassen. Teig aus der Schüssel nehmen, nochmals durchkneten und weiterverarbeiten.

Hefeteig süß

Für den Teig:
500 g Mehl
20 g Hefe
1 Prise Zucker
1 Prise Salz
⅛–¼ l Milch
50–100 g weiche Butter
50–80 g Zucker
1–2 Eier

Je nach Gebäckart:
Zitronenschale
Rosinen

Mehl in eine Schüssel sieben, in der Mitte eine Vertiefung bilden. Für den Vorteig Hefe mit etwas lauwarmer Flüssigkeit und einer Prise Zucker anrühren und in die Vertiefung geben. Mit einer Gabel etwas vom Mehl einrühren, so dass ein dicklicher Brei entsteht. Zugedeckt 15 Minuten gehen lassen.

Fett, Zucker, Eier, Geschmackszutaten sowie nach und nach die Flüssigkeit zugeben und zu einem glatten, mittelfesten Teig kneten. Zugedeckt zu doppelter Größe gehen lassen. Teig aus der Schüssel nehmen, durchkneten und weiterverarbeiten.

Quarkölteig

Quarkölteig ist, wenn man so will, der Hefeteig für Ungeduldige. Weil ihn Backpulver und Quark lockern, entfällt die Gehzeit gänzlich, die das Backen mit Hefeteig etwas aufwändiger macht. Dennoch ist der Quarkölteig so geschmeidig wie sein Vetter. Er lässt sich auch ebenso verarbeiten. Quark-

Aus süßem Hefeteig lassen sich leckere Hefehörnchen zaubern.

ölteig ist daher ein guter Ersatz für Hefeteig.

Den Geschmack der Hefe bringt der Quarkölteig natürlich nicht mit, aber durch den leicht säuerlichen Quark hat er eine ganz besondere Würze. Er kann wie Hefeteig süß und salzig verwendet und bereits als Teig mit Vanille und Zitronenabrieb für die süße oder mit Pfeffer und Kräuter für die salzige Variante aromatisiert werden. Besonders lecker und saftig werden salzige Kuchen oder Obstkuchen mit Quarkölteig.

Quarkölteig salzig

300 g Mehl
½ Päckchen Backpulver
150 g Magerquark
1 Prise Zucker
75 g Öl
2–3 EL Milch
1 TL Salz

Mehl in eine Schüssel geben, mit Backpulver mischen, Quark, Öl, Zucker und Salz und Milch zugeben und mit den

Knethaken der Küchenmaschine oder des Handrührgeräts zu einem geschmeidigen Teig verarbeiten. Die Menge ist ausreichend für ein rechteckiges Backofenblech. Für ein rundes Blech mit 28 cm Durchmesser reichen zwei Drittel des Grundrezeptes aus.

> **Tipp**
> Experimentieren Sie mit dem Öl, um Geschmacksvariationen zu erhalten: Verwenden Sie etwa Nussöl für einen Apfelkuchen oder Olivenöl für einen herzhaften Kräuterkuchen.

Quarkölteig süß

300 g Mehl
½ Päckchen Backpulver
150 g Magerquark
70 g Zucker
50 g Öl
1 Ei
2–3 EL Milch
1 Prise Salz

Mehl in eine Schüssel geben und mit dem Backpulver mischen. Quark, Zucker, Ei, Öl, Milch und Salz zugeben und mit den Knethaken der Küchenmaschine oder des Handrührgeräts zu einem geschmeidigen Teig arbeiten. (Der Teig kann auch ohne Ei hergestellt werden, Sie benötigen dann aber etwas mehr Öl oder ersatzweise auch Milch.)

Die Menge ist ausreichend für ein rechteckiges Backofenblech. Für ein rundes Blech mit 28 cm Durchmesser reichen zwei Drittel des Grundrezeptes aus.

Hefemürbteig

Wie der Name schon andeutet, vereint der Hefemürbteig die Vorteile des Hefe- und des Mürbteigs in sich. Vom Hefeteig hat der Teig seine Geschmeidigkeit, vom Mürbteig den hohen Butteranteil und den Geschmack.

Dieser Teig ist wirklich sehr zu empfehlen. Er ist schnell gemacht, lässt sich leicht verarbeiten und schmeckt gut. Auch ihn gibt es in einer salzigen und in einer süßen Variante. Salzig eignet er sich besonders gut für Schinkenhörnchen, Käsestangen und salzige Kuchen. Süß ist er zart und lecker als Boden eines Quark- oder Obstkuchens.

Hefemürbteig salzig

250 g Mehl
20 g Hefe
1 Prise Zucker
1 TL Salz
125 g Butter
4 EL Sauerrahm

Mehl in eine Schüssel geben, Hefe mit Zucker und 1 EL Sauerrahm auflösen und zugeben, Butter in Flöckchen schneiden, Salz und restlichen Sauerrahm dazugeben und zu einem glatten, festen Teig kneten. Zugedeckt 60 Minuten in der Kälte gehen lassen. Teig aus der Schüssel nehmen, durchkneten und weiterverarbeiten.

Süße Variante nicht nötig
Den Hefemürbteig kann es natürlich auch in einer süßen Variante geben, wenn Sie das Salz durch 50 g Zucker und 1 Prise Salz austauschen. Er eignet sich für kleine, süße Gebäckstückchen. Für Kuchen ist er eigentlich unnötig, denn dafür eignet sich süßer Quarkölteig fast noch besser, weil er fettärmer und trotzdem saftig ist. Deshalb gibt es auch kaum Rezepte, die einen süßen Hefemürbteig erforderlich machen.

Mürbteig

Mürbteig ist der Teig mit dem höchsten Fettanteil. Weil er kein Triebmittel hat, kann er nur dünn ausgewellt verwendet werden. Salziger Mürbteig schmeckt besonders gut als Unterlage von Gemüsekuchen. Er ist auch für die französischen Quiches und die englischen Pies geeignet. In der süßen Variante ist er ein wunderbarer Boden für Obstkuchen und gibt, sehr dünn ausgerollt, den lockeren Biskuitböden eine feste Unterlage.

Seine Verarbeitung verlangt Fingerspitzengefühl: Wird er zu lange geknetet, verliert er seine Mürbe und wird etwas zäh. Backen kann man natürlich trotzdem noch damit. Mürbteig lässt sich ein paar Tage im Kühlschrank aufbewahren und eignet sich roh und gebacken hervorragend zum Einfrieren.

Die Sache mit der Butter
Wenn Mürbteig zu lange geknetet wird, wird er warm und damit leicht etwas zäh. Der Temperatur der Butter kommt daher eine wichtige, regulierende Wirkung zu, besonders, wenn Sie den Mürbteig von Hand kneten. In diesem Fall verfahren Sie wie folgt: Schütten Sie das Mehl auf die Arbeitsplatte, mischen Sie Zucker darunter, hacken Sie mit dem Messer die kalte Butter hinein, bis nur noch kleine Stückchen zu sehen sind. Rühren Sie mit dem Messer das Ei in den Teig. Erst dann benutzen Sie die Hände und kneten den Teig zügig zusammen. Das geht viel schneller, als Sie glauben! Wenn Sie zu lange kneten, wird die Butter durch die Wärme Ihrer Hand zu weich. Der Teig wird dann zu klebrig.

Wenn Sie aber eine Küchenmaschine verwenden, muss die Butter weich sein, sonst könnten die Knethaken den Teig ja nicht verrühren. Auch hier gilt übrigens: Nur so lange kneten, bis sich die Zutaten vermischt haben, dann den Teig auf der Arbeitsfläche kurz mit den Händen durchkneten und kalt stellen. Für das Endergebnis übrigens ist der Herstellungsprozess egal. Mürbteig-Kuchen sind etwas ganz besonders Leckeres und sollten mit viel Unterhitze oder auf der unteren Schiene des Backofens gebacken werden.

Mürbteig darf nur kurz geknetet werden, bis eine homogene Masse entsteht.

Die Menge machts
Wieviel Teig Sie benötigen, hängt ganz von der Größe Ihrer Backform ab. Das Grundrezept von Quarkölteig mit 300 g Mehl reicht für ein viereckiges Backofenblech. Für eine runde Springform mit 28 cm Durchmesser reicht dagegen eine Teigmenge von 200 g Mehl, das sind zwei Drittel des Grundrezepts. Das Grundrezept süßer Mürbteig von 250 g Mehl ist ausreichend für eine runde Springform mit 28 cm Durchmesser. Für ein rechteckiges Backofenblech benötigen Sie die doppelte Menge.
Haben Sie ein kleineres Blech, müssen Sie Teigmenge und den Belag entsprechend reduzieren.

Mürbteig salzig

250 g Mehl
125 g Butter, weich
2 Eigelb (oder 1 ganzes Ei)
1–2 EL Sauerrahm
1 TL Salz

Mehl in eine Schüssel geben, Butter, Eigelb (oder ganzes Ei), Salz und Sauerrahm zugeben und mit den Knethaken zu einem Teig arbeiten. Teig auf der Arbeitsplatte kurz durchkneten und in Folie eingepackt 60 Minuten kalt stellen. Die Menge reicht für ein rundes Backblech mit 28 cm Durchmesser, für ein viereckiges Backofenblech ist die doppelte Teigmenge erforderlich.

Mürbteig süß

250 g Mehl
125 g Butter, weich
65 g Zucker
2 Eigelb (oder 1 ganzes Ei)
1 EL Sauerrahm
Zitronenschale
1 Prise Salz

Mehl in eine Schüssel geben. Ei, Zucker, Butter in Flöckchen, Salz, Sauerrahm und abgeriebene Zitronenschale dazugeben und mit den Knethaken der Küchenmaschine oder des Handrührgerätes zu einem Teig arbeiten. Auf der Arbeitsplatte mit wenig Mehl kurz durchkneten und in Folie verpackt 60 Minuten kalt stellen. Die Menge ist ausreichend für ein rundes Backblech mit 28 cm Durchmesser. Für ein viereckiges Backofenblech ist die doppelte Teigmenge erforderlich.

Strudelteig

Gebäck aus Strudelteig ist nicht typisch schwäbisch, aber in Schwaben seit vielen Jahren sehr beliebt. Der Strudel stammt aus der Wiener Küche und ist dort als „Mehlspeis'" nicht wegzudenken. Ein Wiener Apfelstrudel ist wahrlich köstlich, und viele glauben, es sei eine Kunst, ihn herzustellen. Dabei ist es gar nicht schwer, wenn man den Teig genau nach Vorschrift macht.

Strudelteig
Für den Teig:
250 g Weizenmehl 405
½ TL Salz
1–2 EL Öl oder
20 g zerlassene Butter
1 Ei
bis ⅛ l Wasser, lauwarm

Zum Bestreichen:
50–80 g Butter, zerlassen, oder Öl

Mehl in eine Schüssel sieben, in der Mitte eine Vertiefung bilden. Fett, Ei und etwas lauwarmes Wasser zugeben und von der Mitte aus zu einem weichen, geschmeidigen Teig kneten, dabei nach und nach so viel Wasser wie nötig zugeben – der Teig sollte nicht mehr kleben und sich vom Schüsselrand lösen. Dies geht sehr gut mit den Knethaken der Küchenmaschine und des Handrührgerätes.

Den Teig aus der Schüssel nehmen und auf einem Brett gut durchkneten (abschlagen), bis er glatt, elastisch und zart ist. Den Teig in zwei oder drei Portionen teilen, je nach gewünschter Strudelgröße. Teig mit Öl oder zerlassener Butter bepinseln und zugedeckt

Aus Strudelteig lassen sich süße, aber auch salzige Köstlichkeiten bereiten.

unter einer feucht-warmen Schüssel 30 Minuten ruhen lassen.

Die Teigportion auf einem leicht bemehlten Tuch erst etwas ausrollen, dann über den Handrücken und später mit den Fingerspitzen gleichmäßig sehr dünn ausziehen. Sind noch dicke Ränder vorhanden, diese abschneiden. Teigblatt vorsichtig (damit kein Loch entsteht) mit zerlassener Butter bestreichen – das ist deswegen wichtig, weil der sehr dünne Teig schnell trocknet und dann beim Rollen bricht. Durch das Fett behält er seine Elastizität.

Fülle auf dem Teig verteilen, dabei darauf achten, dass jeweils ein Rand von 2 cm seitlich und oben frei bleibt. Seitliche Ränder einschlagen, mit Butter bepinseln, Teigplatte mit Hilfe des Tuchs aufrollen. Nach dem Rollen vorsichtig auf ein gefettetes Blech gleiten lassen, sodass der Rand unten liegt.

Oberfläche mit zerlassener Butter bestreichen und bei 200–220 °C 30–45 Minuten backen.

Tipp

Während der Teig ruht, kann die Füllung hergestellt und das Blech vorbereitet werden. Den Strudel nach dem Ausziehen sofort füllen, damit der Teig nicht abtrocknet und beim Aufrollen reißt. Während des Backens kann der Strudel mehrmals mit zerlassener Butter bestrichen werden. Schön saftig wird Apfelstrudel, wenn Sie nach der halben Backzeit ⅛ l kochende Milch über den Strudel gießen. Diese wird während der restlichen Backzeit völlig aufgesogen. Sollte der Teig nach der Ruhezeit zu weich sein und noch etwas Mehl benötigen, muss er anschließend, nach der Zugabe vom Mehl, nochmals unter einer feucht-warmen Schüssel 30 Minuten ruhen, dann erst kann er weiterverarbeitet werden.

Wenn Sie nicht den ganzen Strudelteig brauchen, können Sie den Rest sehr gut einfrieren.

Biskuitteig

Kaum zu glauben, aber weil Biskuitteig kein Fett enthält, ist er in der Riege der Teige der fettärmste, von einem Hefeteig ganz ohne Fette einmal abgesehen. Weil er allerdings sehr zuckerreich ist, ist er für eine strenge Diät auch wieder nicht geeignet. Dennoch ist seine Luftigkeit unübertroffen. Das liegt an den Eiern, die ihn beim Backen stark auftreiben. Einen guten Biskuitteig herzustellen, ist kein Hexenwerk und der Teig geht mit der Küchenmaschine oder dem Handrührgerät wirklich schnell. Wichtig ist nur, die Eier mit dem Zucker gut aufzuschlagen. Das ist das ganze Geheimnis.

Biskuitteig hell
6 Eier
2 EL Wasser, warm
250 g Zucker
180 g Mehl 405
70 g Stärkemehl

Eier mit Wasser und Zucker mit dem Schneebesen der Küchenmaschine oder des Handrührgeräts zu einer dicken Schaummasse rühren. Mehl mit Stärkemehl mischen und auf die Ei-Zuckermasse sieben. Vorsichtig mit einem Schneebesen unterheben und in eine mit Papier ausgelegte Tortenform füllen. Im vorgeheizten Backofen bei 175 °C 60 Minuten mit Ober- und Unterhitze backen. Nach dem Backen den Boden gut auskühlen lassen.

Biskuitteig dunkel
6 Eier
2 EL Wasser, warm
250 g Zucker
180 g Mehl 405
50 g Stärkemehl
30 g Kakao
1 gestrichener TL Backpulver

Eier mit Wasser und Zucker mit dem Schneebesen der Küchenmaschine oder des Handrührgeräts zu einer dicken Schaummasse rühren. Mehl mit Stärkemehl, Kakao und Backpulver mischen und auf die Ei-Zuckermasse sieben. Vorsichtig mit einem Schneebesen unterheben und in eine mit Papier ausgelegte Tortenform füllen. Im vorgeheizten Backofen bei 175 °C 60 Minuten mit Ober- und Unterhitze backen. Nach dem Backen gut auskühlen lassen.

Biskuitteig für eine Rolle
4 Eier
1 EL Wasser, warm
180 g Zucker
180 g Mehl

Eier mit Wasser und Zucker dick schaumig rühren. Mehl über die Schaummasse sieben und vorsichtig mit dem Schneebesen unterheben.

> **Tipp**
>
> Der Biskuitteig ist auch der Teig der Tortenböden. Dieses Grundrezept mit 6 Eiern eignet sich für einen Tortenring mit einem Durchmesser von 28 cm. Möchten Sie eine kleinere Torte herstellen, verringern Sie die Teigmenge entsprechend. Für eine Torte mit 24 cm Durchmesser reicht ein Teig mit 4 Eiern.
> Es empfiehlt sich, Tortenböden aus Biskuitteig immer einen Tag vor dem Füllen zu backen. So lassen sie sich besser durchschneiden.

Mit dem Küchentuch wird die Biskuitrolle eingeschlagen ...

... bis sie ganz aufgerollt ist.

Ein Backofenblech mit Papier auslegen und den Teig gleichmäßig darauf verteilen. Im vorgeheizten Backofen bei 220 °C mit Ober- und Unterhitze 10–12 Minuten goldgelb backen.

Eventuell am Rand festgebackene Teigränder mit einem Messer lösen und die Teigplatte auf ein nebelfeuchtes Küchentuch stürzen. Sofort das Papier vorsichtig abziehen und die Platte mit Hilfe des Tuchs locker aufrollen. Auf einem Kuchengitter auskühlen lassen.

> ### Tipp
> Damit die Rolle nicht bricht, wird für den Teig nur Weizenmehl und kein Stärkemehl verwendet. Letzteres macht den Teig etwas spröde und brüchig. Weizenmehl gibt dem Teig die Elastizität, die er für das Aufrollen braucht.

Sauerteig

Wie die Pilze der Hefe machen erst die Bakterien des Sauerteigs das Brot luftig und bekömmlich. Diese Bakterien – es sind Milchsäurebakterien – produzieren nämlich Kohlenstoffdioxyd, dessen Bläschen das Brot lockern.

Sauerteig
100 g Roggenmehl
1 TL Kümmel
Wasser, lauwarm

Zutaten zu einem dicken Brei verrühren, mit einem Tuch bedecken. Fünf bis sechs Tage in der Wärme stehen lassen. Der Brei riecht dann nach Milchsäure und bildet Bläschen. In diesen Brei zwei Tage vor dem Backen zusätzlich einige Esslöffel Roggenmehl geben und mit lauwarmem Wasser auffüllen. Diesen Vorgang einen Tag vor dem Backen wiederholen.

Am Backtag: Mehl dazugeben, bis der Sauerteig knetbar ist. Nun den Teig in zwei Teile teilen. Einen Teil für den nächsten Backtag zur Seite stellen – er ist die Grundlage für den nächsten Sauerteig. Den anderen Teil sofort zum Backen nehmen. Der Sauerteig sollte im Kühlschrank abgedeckt gelagert werden und hält dann gut eine Woche. Bei guter Pflege (und bei wöchentlicher Auffrischung) hält ein Sauerteig also ewig.

Brot und Brötchen

Ein duftendes Brötchen zum Frühstück, ein frisches Butterbrot zum Abendessen. Was will man mehr? Wie kaum ein anderes Lebensmittel bestimmen Brot und Brötchen unsere Speisekarte. Kein Wunder, dass es für „unser täglich Brot" Variationen in Hülle und Fülle gibt.

Ein ganzer Laib

Viele verschiedene Einflüsse haben das bäuerliche Brotbacken in den letzten Jahrzehnten beeinflusst, aber keine mehr als der Einzug der Elektrizität in die Haushalte auf dem Land.

Denn das traditionelle Backen im Holzbackofen war harte Arbeit. Anfeuern, Teig vorbereiten, kneten, Brot formen – das alles dauerte oftmals einen ganzen Arbeitstag. Viel Geschick war überdies nötig, damit das Brot nicht verbrannte, denn wo kein Thermostat die Temperatur angibt, braucht es Gefühl und Erfahrung.

Heute ist das Backen vergleichsweise komfortabel: Elektrobacköfen liefern Hitze auf Knopfdruck, Teigmaschinen nehmen uns die schweißtreibende Arbeit des Knetens ab. Doch der Duft nach Holz und Rauch, die rösche Kruste und das urtümliche Aussehen machen das Brot aus dem Holzbackofen zu einem unübertroffenen Erlebnis für alle Sinne. Auch deshalb werden die alten Backhäuser in vielen Dörfern wieder genutzt. Dort backen Frauen wie früher Brot für ihre Familien und oftmals auch für einen sozialen Zweck.

Halbweißes Brot

500 g Weizenmehl 405
500 g Weizenmehl 1050
1 Würfel Hefe
1 Becher Joghurt (200 g)
1 EL Salz
½ TL Zucker
ca. ½ l Wasser, lauwarm

Aus den Zutaten einen salzigen Hefeteig nach Grundrezept (Seite 24) kneten. Zugedeckt zu doppelter Größe gehen lassen. Teig aus der Schüssel nehmen, gut durchkneten und zu einem Laib formen. Auf Backpapier oder in einer gefetteten Backform nochmals zugedeckt gehen lassen. Die Oberfläche mehrmals mit einer Gabel einstechen und mit lauwarmem Wasser bestreichen.

Im vorgeheizten Backofen bei 220 °C etwa 15 Minuten backen. Bei 200 °C weitere 45 Minuten backen. Das Brot sofort nach dem Backen aus der Form nehmen und auf einem Gitter auskühlen lassen.

Der Klassiker unter den Broten: Das Bauernbrot.

Bauernbrot

800 g Weizenmehl
200 g Roggenmehl
1 Würfel Hefe
1 Becher Joghurt (200 g)
1 EL Salz
½ TL Zucker
ca. ½ l Wasser, lauwarm

Zubereitung siehe „Halbweißes Brot"

> **Tipp**
>
> Wundern Sie sich nicht, wenn die Flüssigkeitsmenge beim Kneten Ihres Teiges nicht ausreicht beziehungsweise wenn Sie weniger Flüssigkeit brauchen als angegeben. Die Menge richtet sich stark nach der Beschaffenheit des Mehls und der weiteren Zutaten. Sie werden bald ein Gefühl dafür entwickeln! Dies gilt für alle Teige.

Kartoffelbrot

600 g Weizenmehl 1050
400 g Roggenmehl
1 Würfel Hefe
2 Kartoffeln, gekocht und gerieben
1½ EL Salz
½ TL Zucker
ca. ½ l Wasser, lauwarm

Die Mehlsorten in eine Schüssel geben und vermischen. In der Mitte eine Vertiefung bilden. Hefe mit Zucker und etwas lauwarmem Wasser auflösen und in die Mehlmitte geben. Zugedeckt etwa 15 Minuten gehen lassen. Geriebene Kartoffeln, Salz und lauwarmes Wasser zugeben und einen mittelfesten Teig herstellen. Den Teig zu doppelter Größe zugedeckt gehen lassen. Teig aus der Schüssel nehmen, durchkneten und zu einem Laib formen. Den Laib auf Backpapier oder in eine gefettete Form geben. Nochmals zugedeckt gehen lassen. Bei 220 °C im vorgeheizten Ofen 15 Minuten backen.

Bei 175 °C weitere 45 Minuten backen. Das Brot aus der Form nehmen und auf einem Gitter auskühlen lassen.

Kartoffeln strecken

Durch die Zugabe von gekochten, geriebenen Kartoffeln wird das Brot feucht und bekommt einen eigenen Geschmack. In Zeiten, in denen das Mehl knapp war, dienten die Kartoffeln auch als Streckmittel.

Pikantes Bauernbrot

250 g Weizenmehl 405
250 g Weizenmehl 1050
200 g Weizenschrot
200 g Roggenmehl
1 Würfel Hefe
1 Becher Joghurt (200 g)
1 EL Salz
½ TL Zucker
150 g Speck
1 Zwiebel
150 g Emmentaler, gerieben
ca. ½ l Wasser, lauwarm

Mehlsorten in eine Schüssel geben und mischen. Vorteig laut Grundrezept herstellen.

Speck würfeln und leicht anbraten. Zwiebel schälen, halbieren und würfeln. Im Speck mitbraten, bis die Zwiebelwürfel glasig sind. Abkühlen lassen und zum Mehl geben. Mit Salz, Joghurt und lauwarmem Wasser zu einem mittelfesten Teig kneten. Zugedeckt zu doppelter Größe gehen lassen.

Teig aus der Schüssel nehmen und gut durchkneten. Einen Laib formen und in einer gefetteten Backform zugedeckt nochmals gehen lassen. Mehr-

mals mit einer Gabel einstechen und mit lauwarmem Wasser bestreichen.

Im vorgeheizten Ofen bei 220 °C 15 Minuten backen, dann bei 175 °C weitere 45 Minuten backen.

Nach dem Backen sofort aus der Form nehmen und auf einem Gitter abkühlen lassen.

Variante 1: Aus diesem Teig können nach dem Gehen auch drei längliche Brote geformt werden. Nach dem Formen zugedeckt auf Backpapier gehen lassen, die Oberfläche mit einem scharfen Messer einschneiden und bei 200 °C im vorgeheizten Ofen 30 bis 40 Minuten backen.

Variante 2: Für **Pikante Bauernbrötchen** (die schmecken besonders gut zu Bier und Wein) den Teig in 24 Teile teilen, Brötchen formen, auf ein mit Backpapier ausgelegtes Blech geben und nochmals zugedeckt gehen lassen. Nach dem Gehen Oberfläche mit lauwarmem Wasser bestreichen, im vorgeheizten Backofen bei 220 °C 20 bis 25 Minuten knusprig braun backen. Auf einem Gitter auskühlen lassen.

Joghurt-Kleiebrot

500 g Weizenmehl 405
50 g Kleie
ca. ¼ l Milch
1 Becher Joghurt (200 g)
2 EL Öl
1 Ei
1 TL Salz
½ Würfel Hefe

Mehl und Kleie in einer Schüssel mischen und in der Mitte eine Vertiefung bilden. Hefe mit Zucker und etwas warmem Wasser anrühren und in die Vertiefung geben. Zugedeckt 15 Minuten gehen lassen. Joghurt, Öl, Ei, Salz und warme Milch zugeben und zu einem weichen Teig kneten. Teig zugedeckt zu doppelter Größe gehen lassen. Teig aus der Schüssel nehmen, durchkneten und in eine gefettete Kastenform füllen. Nochmals gehen lassen, Oberfläche mit warmem Wasser bestreichen und mit Kleie bestreuen.

Bei 200 °C 20 Minuten im vorgeheizten Ofen backen, danach bei 175 °C 40 Minuten weiterbacken. Brot aus der Form nehmen und auf einem Gitter erkalten lassen.

Weizenkeimbrot

500 g Weizenmehl 1050
500 g Weizenschrot
150 g Weizenkeime
1½ EL Meersalz
1 EL Honig
3 EL Öl
60 g Hefe
gut ½ l Wasser, warm

Mehl, Schrot und Weizenkeime mischen und in der Mitte eine Vertiefung bilden. Hefe mit etwas warmem Wasser und Honig anrühren und in die Vertiefung geben. Zudecken und 15 Minuten gehen lassen. Meersalz, Öl und warmes Wasser zugeben, sehr gut durchkneten und einen mittelfesten Teig herstellen (siehe Grundrezept „salziger Hefeteig"). Zugedeckt zu doppelter Größe gehen lassen.

Teig aus der Schüssel nehmen, durchkneten und zu einem Laib formen. Teig in eine gefettete Backform geben oder auf ein mit Backpapier belegtes Blech legen. Nochmals zugedeckt gehen lassen. Oberfläche mit einer Gabel mehrmals einstechen und

Joghurt-Kleiebrot

mit warmem Wasser bestreichen. Ofen vorheizen. Bei 220 °C 15 Minuten backen, weitere 45 Minuten bei 175 °C weiterbacken. Nach dem Backen Brot aus der Form nehmen und auf einem Gitter auskühlen lassen.

❧ *Das leckere Brot vom Nachbarn* ☙

Jede Bauersfamilie hatte ihr vom eigenen Korn gemahlenes Mehl. Unsere Familie und folglich ihr Brotverbrauch war mit sieben Kindern recht groß. Auch hat man damals in der Nachkriegszeit mehr Brot gegessen, weil der Belag eher dürftig war: Es gab Butter, Schweineschmalz oder „Luggeleskäs", das ist selbstgemachter Quark. Wir Kinder hatten einen langen Schulweg und immer Hunger und waren damit zufrieden.
Wenn uns das Brot einmal ausging, haben wir uns bei unseren Nachbarn, den Nollers, einen Laib „ausgeliehen". Nollers Brot hat mir immer besser geschmeckt.
Helga Holzwarth aus Murrhardt

Grahambrot

200 g Weizenmehl 405
200 g Weizenmehl 1050
400 g Weizenschrot
1 Würfel Hefe
½ l Milch, lauwarm
1 EL Salz
⅛ l Öl
1 TL Zucker

Salzigen Hefeteig nach Grundrezept herstellen. Zugedeckt zu doppelter Größe gehen lassen. Teig aus der Schüssel nehmen, durchkneten und auf ein mit Mehl bestäubtes Blech legen. Nochmals zugedeckt 20 Minuten gehen lassen. Die Oberfläche mit warmem Wasser bestreichen und mit Mehl bestäuben. Ofen vorheizen. Bei 200 °C 50 Minuten backen. Nach dem Backen Brot vom Blech nehmen und auf einem Gitter auskühlen lassen.

Kräuter-Ringbrot

300 g Roggenmehl
300 g Weizenmehl
25 g Hefe
¼ l Wasser, warm
50 g Butter
1 EL Salz
½ TL Zucker
½ EL Kräuter, getrocknet (Majoran, Salbei, Estragon, Basilikum)
2 EL Petersilie, getrocknet

Mehlsorten mischen und einen Vorteig nach Grundrezept „salziger Hefeteig" herstellen.

Butter, Salz, getrocknete Kräuter und lauwarmes Wasser zugeben und einen mittelfesten Teig kneten. Zugedeckt zu doppelter Größe gehen lassen. Teig aus der Schüssel nehmen, durchkneten und einen flachen, runden Laib formen. Mit einem Kochlöffelstiel ein Loch in die Mitte des Laibs einstechen und durch kreisende Bewegungen so vergrößern, dass ein Ring entsteht. Diesen auf ein gefettetes Blech legen und zugedeckt 20 Minuten gehen lassen. Ofen vorheizen. Bei 220 °C 20–30 Minuten backen. Danach Brotring auf einem Gitter auskühlen lassen.

Variante: Mit frischen Kräutern schmeckt das Brot fast noch besser. Dazu ist aber die doppelte Kräutermenge nötig. Frische Kräuter sollten erst nach dem Gehen kurz untergeknetet werden, denn sonst verfärbt sich der Teig.

Kräuter-Ringbrot

Tipp

Damit das Loch in der
Mitte schön rund bleibt
und nicht zubäckt, können Sie eine
kleine Metallschüssel oder ein Stück
Alufolie, zu einem Ball geformt, in die
Mitte des Rings legen und mitbacken.

Zwiebelbrot

500 g Weizenmehl 405
25 g Hefe
½ TL Zucker
1 EL Salz
⅛ l Wasser, lauwarm
⅛ l Milch, lauwarm
1 große Zwiebel, gewürfelt und in etwas
    Butter hellbraun geröstet
oder 100 g Röstzwiebeln

Aus den Zutaten einen salzigen Hefeteig (siehe Grundrezept) kneten. Zugedeckt zu doppelter Größe gehen lassen. Teig aus der Schüssel nehmen, durchkneten und zwei längliche Brote formen. Auf ein mit Backpapier belegtes Blech legen und zugedeckt nochmals gehen lassen. Die Brote quer einschneiden. Ofen vorheizen und bei 200 °C 40 Minuten backen. Nach dem Backen auf einem Gitter auskühlen lassen.

Weißbrot

Für den Teig:
800 g Weizenmehl 405
50 g Hefe
½ TL Zucker
2 gestrichene EL Salz
400 ml Milch

Zum Bestreichen:
Eiermilch (1 Eigelb, 2 EL Milch)

Aus den Zutaten einen mittelfesten Hefeteig laut Grundrezept kneten. Zugedeckt zu doppelter Größe gehen lassen. Teig aus der Schüssel nehmen, durchkneten und einen großen runden Laib oder zwei längliche Laibe formen. Auf ein mit Backpapier belegtes Blech legen, zugedeckt nochmals 20 Minuten

gehen lassen. Die Oberfläche mit Eiermilch bestreichen. Ofen vorheizen und bei 200 °C 60 Minuten backen. Die länglichen Brote brauchen nur 40 Minuten Backzeit. Das Brot nach dem Backen auf einem Gitter auskühlen lassen.

Eiermilch ohne Schlieren

Wenn Sie Ihr Gebäck appetitlich glänzen lassen wollen, können Sie es mit Eiermilch bestreichen. Sie besteht aus 1 Eigelb, mit 2 EL Milch verrührt. Verwenden Sie kein ganzes Ei, denn das lässt sich schlecht verrühren. Außerdem gibt das Eiweiß auf der Teigoberfläche Schlieren. Bestreichen Sie Ihren Zopf mit Eiermilch und bestreuen ihn sofort mit Hagelzucker und Mandelblättchen. Sie kleben an der feuchten Oberfläche fest und fallen beim Backen nicht ab.

Walnussbrot

500 g Mehl 405
½ Würfel Hefe
1 TL Salz
1 TL Zucker
1 Messerspitze Zimt
50 g Butter
etwas Zitronenschale, abgerieben
¼ l Milch
100 g Walnüsse, grob gehackt

Mehl in eine Schüssel geben und in der Mitte eine Vertiefung bilden. Hefe mit Zucker und etwas warmer Milch auflösen und in die Vertiefung geben. Zugedeckt 15 Minuten gehen lassen. Salz, Zimt, Zitronenschale, Butter, Walnüsse und warme Milch zugeben und einen mittelfesten Hefeteig nach Grundre zept kneten. Zugedeckt zu doppelter Größe gehen lassen. Teig aus der Schüssel nehmen, durchkneten und in eine gefettete Kastenform geben. Zugedeckt nochmals 20 Minuten gehen lassen. Ofen vorheizen. Bei 200 °C 50 Minuten backen. Nach dem Backen aus der Form nehmen und auf einem Gitter auskühlen lassen.

Apfelbrot

500 g Mehl 1050
½ Würfel Hefe
½ TL Salz
⅛ l Milch
50 g Butter
50 g Zucker
1 Ei
1 Prise Zimt
etwas Zitronenschale, abgerieben
400 g Äpfel, geraspelt

Aus den Zutaten einen etwas klebrigen, süßen Hefeteig nach Grundrezept kneten. Zugedeckt zu doppelter Größe aufgehen lassen. Den Teig in der Schüssel mit einem Rührlöffel durchschlagen und in eine gefettete Kastenform füllen. Nochmals zugedeckt gehen lassen. Ofen vorheizen. Bei 200 °C 60 Minuten backen. Das Brot aus der Form nehmen und auf einem Gitter auskühlen lassen.

Tipp

Backen Sie aus diesem Teig Brötchen. Die mögen Kinder besonders gern. Sie eignen sich sehr gut als Pausenvesper für Kindergarten und Schule.

Butterkuchen

Für den Teig:
500 g Weizenmehl 405
½ Würfel Hefe
½ TL Zucker
300 ml Milch
60 g Butter, weich
1 TL Salz

Zum Bestreichen:
Eiermilch (1 Eigelb, 2 EL Milch)

Zutaten laut Grundrezept zu einem mittelfesten Hefeteig kneten. Zugedeckt zu doppelter Größe gehen lassen. Teig aus der Schüssel nehmen, durchkneten und zu einem runden Laib formen. Auf ein mit Backpapier belegtes Blech legen und zugedeckt nochmals 20 Minuten gehen lassen. Oberfläche mit einem scharfen Messer (besonders gut geht es mit einem elektrischen Messer) rautenförmig einschneiden und mit Eiermilch bestreichen.

Ofen vorheizen. Bei 175 °C 60 Minuten backen. Nach dem Backen den Butterkuchen auf einem Gitter auskühlen lassen.

Rosinenbrot

500 g Mehl 405
30 g Hefe
40 g Zucker
¼ l Milch
60 g Butter, weich
2 Eier
1 TL Salz
Zitronenschale, abgerieben
100 g Rosinen, in 2 EL Rum eingeweicht

Zutaten laut Grundrezept zu einem etwas weichen Hefeteig kneten. Zugedeckt zu doppelter Größe gehen lassen. Den Teig durchkneten und in eine gefettete Kastenform füllen. Zugedeckt nochmals 30 Minuten gehen lassen.

Ofen vorheizen. Bei 175 °C 60 Minuten backen. Nach dem Backen aus der Form nehmen und auf einem Gitter auskühlen lassen.

> **Tipp**
>
> Die Rosinen werden besonders saftig, wenn Sie sie über Nacht einweichen. Wenn Sie für Kinder backen, können Sie den Rum durch Apfel- oder Orangensaft austauschen.

Blumentopfbrot

Gewürzbrot im Blumentopf

250 g Weizenmehl 405
250 g Weizenmehl 1050
30 g Hefe
150 ml Milch, lauwarm
½ TL Zucker
2 Zwiebeln, gewürfelt und gedünstet
1 Knoblauchzehe, zerdrückt
50 g Butter, weich
2 Eier
1 TL Salz
1 Prise Muskatnuss
1 TL Anis, gemahlen
½ TL Fenchel, gemahlen
1 EL Dill, getrocknet
½ TL Rosmarin, getrocknet

Blumentöpfe aus Ton

Die Blumentöpfe auswaschen, gut wässern und dann ausfetten. Die Teigmenge ist berechnet für zwei Blumentöpfe mit 14 cm Durchmesser. Sie können auch mehrere, entsprechend kleinere Töpfe verwenden. Die Backzeit verringert sich dann.

Das Mehl in einer Schüssel mischen und in der Mitte eine Vertiefung bilden. Hefe mit Zucker und etwas warmer Milch auflösen und in die Vertiefung geben. Zugedeckt 15 Minuten gehen lassen. Die restlichen Zutaten dazugeben und einen mittelfesten Hefeteig kneten (siehe Grundrezept). Zugedeckt zu doppelter Größe gehen lassen. Den Teig aus der Schüssel nehmen, durchkneten und in die vorbereiteten Tontöpfe füllen. Zugedeckt nochmals 30 Minuten gehen lassen.

Ofen vorheizen. Bei 220 °C je nach Topfgröße 20 bis 40 Minuten backen. Nach dem Backen die Brote aus den Töpfen nehmen und auf einem Gitter auskühlen lassen. Danach wieder in die Töpfe geben.

Variante: Alle anderen Hefeteige lassen sich ebenfalls in Tontöpfen backen.

> *Tipp*
>
> Ganz besonders eignet sich dieses Rezept für einen Kindergeburtstag. Die Kinder können sich so ihr eigenes Brot backen und später auch mit nach Hause nehmen. Das macht Spaß und alle sind begeistert. Damit die Töpfe nachher auseinanderzuhalten sind, können Sie Holzstäbchen mit Fähnchen in den Teig stecken und mitbacken. Lassen Sie diese Fähnchen von den Kindern selbst basteln und bemalen.

Fladenbrot

300 g Weizenmehl 1050
300 g Roggenmehl
300 g Weizenschrot
1 Würfel Hefe
1 Becher Joghurt (200 g)
600 ml Wasser, warm
1 EL Salz
½ TL Zucker
1 EL Gewürze, gemischt (z. B. Anis, Koriander, Kümmel, Fenchel)

Mehl in einer Schüssel mischen und in der Mitte eine Vertiefung bilden. Hefe mit Zucker und etwas warmem Wasser auflösen und in die Vertiefung geben. Zugedeckt 15 Minuten gehen lassen. Die weiteren Zutaten zugeben und zu einem mittelfesten Hefeteig kneten. Zugedeckt zu doppelter Größe gehen lassen. Teig mit einem großen Löffel portionsweise aus der Schüssel nehmen, auf ein mit Backpapier belegtes Blech geben und mit einem nassen Löffel zu zehn runden Fladen formen. Ofen vorheizen. Teigstücke leicht mit Mehl bestäuben und bei 220 °C 30 Minuten backen. Nach dem Backen auf einem Gitter auskühlen lassen.

❧ *Die ganze Familie half mit* ❧

Während der Jahre nach dem zweiten Weltkrieg bin ich mit meinen drei Geschwistern in einer Bauersfamilie im Hohenlohischen aufgewachsen. Wir hatten im Ort ein gemeindeeigenes Backhäusle mit zwei Holzbacköfen, in denen zwei Familien gleichzeitig backen konnten. In unserer Kindheit und Jugend war es für unsere Mutter und Großmutter selbstverständlich, darin alle zwei oder drei Wochen das gesamte Brot für unsere siebenköpfige Familie zu backen. Das Mehl wurde vom eigenen Weizen im Ort gemahlen. Im Winter musste es zwei Tage vor dem Backtag in einem hölzernen Trog in der Küche erwärmt werden. Elfriede Wiedmann aus Neuenstein-Obersöllbach

Brötchen-Allerlei

Gibt es duftende, frische Brötchen zum Frühstück, hält es keinen Langschläfer mehr im Bett. Selbstgebackene Brötchen – die Schwaben sagen „Weckle" dazu – sind aber auch ein leckeres Vesper und bereichern jedes Buffet und jedes Picknick.

Die Sache mit der Lauge

Bitte beachten Sie:
- Lauge nicht mit bloßen Händen anfassen.
- Handschuhe benutzen.
- Spritzer können Löcher in die Kleidung fressen.
- Arbeitsplatte mit Zeitungspapier auslegen.
- Lauge immer kindersicher aufbewahren.
- Lauge ist ätzend und darf auf keinen Fall in die Hände von Kindern geraten.
- Behälter deutlich beschriften, damit er nicht verwechselt werden kann.
- Lauge nie in Getränkeflaschen füllen.
- Lauge können Sie mehrmals verwenden. Nachdem Sie die Teigstücke eingetaucht haben, gießen Sie die Lauge vorsichtig in einen verschließbaren, gut beschrifteten Behälter, in den die Lauge auch nach dem nächsten Gebrauch immer wieder zurückgeschüttet wird.

Gute Erfahrungen habe ich mit kalter Lauge gemacht – das ist Brezel- oder Bäckerlauge, die ich vom Bäcker bekomme. Diese verdünne ich nach Anleitung.

Butterweckle

Ergibt 12 Stück

Für den Teig:

500 g Mehl 405
20 g Hefe
½ TL Zucker
50 g Butter, weich
1 gestrichener EL Salz
300 ml Milch

Zum Bestreichen:

Eiermilch (1 Eigelb, 2 EL Milch)

Hefeteig laut Grundrezept (Seite 24) herstellen. Zugedeckt 15 Minuten gehen lassen. Butter, Salz und lauwarme Milch zugeben und einen mittelfesten Hefeteig kneten. Zugedeckt zu doppelter Größe aufgehen lassen. Teig aus der Schüssel nehmen, in zwölf Teile teilen und zu Brötchen formen. Auf ein mit Backpapier belegtes Blech legen und zugedeckt 20 Minuten gehen lassen. Ofen vorheizen. Oberfläche mit einem scharfen Messer (sehr gut eignet sich dafür ein elektrisches Messer) rautenförmig einschneiden, mit Eiermilch bestreichen und bei 200 °C 25 Minuten backen. Nach dem Backen auf einem Gitter auskühlen lassen.

> *Tipp*
>
> Backen Sie gleich die doppelte Menge und frieren Sie die restlichen Butterweckle ein. Bei 100 °C ca. 10 Minuten aufbacken: Schnell haben Sie ein wunderbares Frühstück.

Brötchen mit verschiedenen Körnern bestreut.

Laugenweckle
Ergibt 12 Stück

Für den Teig:
500 g Weizenmehl 405
20 g Hefe
½ TL Zucker
150 ml Wasser, warm
150 ml Milch, warm
2 EL Öl
1 gestrichener EL Salz

Zum Eintauchen:
1 l gebrauchsfertige Brezellauge

Zum Bestreuen:
grobes Salz

Einen salzigen Hefeteig nach Grundrezept herstellen. Nach dem Gehen aus der Schüssel nehmen und in 12 Teile teilen. Teigstücke zu Brötchen formen und auf ein Küchentuch legen. Zugedeckt 20 Minuten gehen lassen.

Lauge in eine Glasschüssel füllen, die Teigstücke einzeln auf ein flaches Sieb geben, in die Lauge tauchen und auf ein mit Backpapier belegtes Blech legen. Sofort mit einem scharfen Messer kreuzweise einschneiden, mit grobem Salz bestreuen und bei 220 °C im vorgeheizten Ofen 20 Minuten backen. **Variante:** Für **Käse-Laugenweckle** bestreuen Sie die Laugenweckle nach dem Einschneiden mit Reibkäse.

> *Tipp*
> Verwenden Sie kein neues Backpapier, sonst klebt das Brötchen nach dem Backen am Papier fest. Teigstücke, die in Lauge getaucht wurden, sofort backen, sonst bilden sich Bläschen an der Oberfläche.

Ulmer Spatzen
Ergibt 12 Stück

Zutaten und Zubereitung wie Laugenweckle.
Die zwölf Teigstücke jeweils zu einem 20 cm langen Strang ausrollen und zu Knoten formen. Auf einem Küchentuch zugedeckt 20 Minuten gehen lassen. In Lauge tauchen und bei 220 °C im vorgeheizten Ofen 20 Minuten backen.

Laugen-Käse-Stangen
Ergibt 12 Stück

Zutaten und Zubereitung siehe Laugenweckle.

Zum Bestreuen:
50 g Reibkäse
2 EL Sesam

Die Teigstücke zu 15 cm langen Strängen ausrollen, auf ein Küchentuch legen und zugedeckt 20 Minuten gehen lassen. In Lauge tauchen und auf ein mit Backpapier ausgelegtes Blech legen. Die Mitte längs mit einem scharfen Messer einschneiden und etwas auseinanderziehen. In die Vertiefung Reibkäse und Sesam streuen.

Bei 220 °C im vorgeheizten Ofen 20 Minuten backen.

Laugenbrezeln
Ergibt je nach Größe 10–12 Stück

Zutaten und Zubereitung wie Laugenweckle.
Die Teigstücke 40 cm lang ausrollen. Die Teigstränge sollten in der Mitte dicker sein als an den beiden Enden. Brezeln schlingen. Auf einem Brett,

Laugenbrezeln

das mit einem Küchentuch bedeckt ist, in der Kälte (siehe Tipp) eine Stunde steif werden lassen. In Lauge tauchen, auf ein mit Backpapier belegtes Blech legen, einschneiden und mit grobem Salz bestreuen. Bei 220 °C im vorgeheizten Ofen 20 Minuten backen.

Tipp

Die Herstellung von Laugenbrezeln ist nicht ganz einfach. Um ein schönes Gebäck wie beim Bäcker zu bekommen, braucht man Erfahrung und die Möglichkeit, das Gebäck vor dem Backen kalt zu stellen. Steif werden die Brezeln bei etwa 6–10 °C. Das geht im Sommer im Kühlschrank oder im Winter im Freien.

Quarkbrötchen
Ergibt 14 Stück

500 g Weizenmehl 405
20 g Hefe
½ TL Zucker
200 ml Milch
40 g Butter
1 TL Salz
250 g Magerquark

Aus den Zutaten einen mittelfesten Hefeteig (siehe Grundrezept Seite 24) kneten. Zugedeckt zu doppelter Größe gehen lassen. Teig aus der Schüssel nehmen, durchkneten und in 14 Teile teilen. Zu runden Brötchen formen und auf ein mit Backpapier belegtes Blech legen. Zugedeckt 20 Minuten gehen lassen. Mit einem scharfen Messer in der Mitte einschneiden. Oberfläche mit Milch bestreichen und bei 200 °C im vorgeheizten Ofen 20 Minuten backen. Nach dem Backen auf einem Gitter auskühlen lassen.

Roggenbrötchen
Ergibt 12 Stück

250 g Weizenmehl 405
250 g Roggenmehl
1 Würfel Hefe
250 ml Milch
½ TL Zucker
1 EL Salz

Aus den Zutaten laut Grundrezept einen nicht zu klebrigen Teig kneten. Zugedeckt zu doppelter Größe gehen lassen. Teig aus der Schüssel nehmen, durchkneten und in 12 Teile teilen. Längliche Brötchen formen und auf ein mit Backpapier belegtes Blech legen.

Zugedeckt 20 Minuten gehen lassen. Die Oberfläche mit einem scharfen Messer zweimal quer einschneiden, mit Wasser bestreichen und mit Mehl bestäuben. Bei 220 °C im vorgeheizten Ofen 20 Minuten backen.

❧ *Süßes Vesper* ☙
So ein frisches Brot war wunderbar. Wenn Erdbeerzeit war, haben wir frische Walderdbeeren mit Milch und etwas Zucker zerdrückt und auf das frische Brot gestrichen. Das war das beste Vesper!
Agnes Amann aus Ravensburg

Dinkelhörnchen
Ergibt 12 Stück

500 g Dinkelmehl
20 g Hefe
½ TL Zucker
300 ml Wasser
1 TL Salz

Aus den Zutaten einen mittelfesten Hefeteig (siehe Grundrezept) kneten. Zugedeckt zu doppelter Größe gehen lassen. Teig aus der Schüssel nehmen, durchkneten und in zwei Teile teilen. Jedes Teigstück zu einer runden Teigplatte ausrollen. Wie einen Kuchen in jeweils sechs Teile teilen. Die Dreiecke von der breiten Seite her nach innen zu einem Hörnchen aufrollen, dabei beachten, dass die Spitze des Teigstücks unten liegt. Auf ein mit Backpapier belegtes Blech legen und zugedeckt 20 Minuten gehen lassen. Oberfläche der Hörnchen mit Milch bestreichen und bei 200 °C im vorgeheizten Ofen 20 Minuten backen.

Vollkornweckle

Ergibt 12 Stück

Für den Teig:

500 g Weizenschrot, fein gemahlen
1 Würfel Hefe
250 ml Wasser, warm
1 TL Honig
3 EL Öl
1 EL Meersalz

Zum Bestreuen:

Sesam

Weizenschrot in eine Schüssel geben und in der Mitte eine Vertiefung bilden. Hefe mit Honig und etwas warmem Wasser auflösen und in die Mitte geben. Zugedeckt 15 Minuten gehen lassen. Öl, Meersalz und warmes Wasser zugeben und einen Hefeteig kneten. So lange kneten, bis sich im Teig Fädchen zeigen (20 Minuten).

Zugedeckt zu doppelter Größe gehen lassen. Teig aus der Schüssel nehmen, durchkneten und in 12 Teile teilen. Brötchen formen und auf ein mit einem Backpapier ausgelegtes Blech

legen. Zugedeckt 30 Minuten gehen lassen. Oberfläche mit Wasser bestreichen und mit Sesam bestreuen. Bei 220 °C im vorgeheizten Ofen 20 Minuten backen, dabei ein Gefäß mit Wasser in den Backofen stellen.

Nussbrötchen

Ergibt 16 Stück

400 g Weizenschrot, fein gemahlen
100 g Weizenmehl 405
1 Würfel Hefe
1 EL Honig
150 ml Milch
100 g Butter, weich
2 Eier
1 TL Salz
100 g Haselnüsse, gehackt

Mehl in einer Schüssel mischen und in der Mitte eine Vertiefung bilden. Hefe mit Honig und etwas warmer Milch anrühren und in die Vertiefung geben. Zugedeckt 15 Minuten gehen lassen. Die weiteren Zutaten zugeben und einen mittelfesten Hefeteig kneten. Zugedeckt zu doppelter Größe gehen lassen. Teig aus der Schüssel nehmen, in 16 Teile teilen und Brötchen formen. Auf ein mit Backpapier belegtes Blech lagen und zugedeckt 20 Minuten gehen lassen. Bei 200 °C im vorgeheizten Ofen 25 Minuten backen.

Kneten ist wichtig

Damit das volle Korn richtig aufgeschlossen wird, müssen Sie den Teig sehr lange kneten, und zwar bestimmt 20 Minuten lang. Erst dadurch kann der Kleber, der beim Vollkorn nicht so frei liegt wie beim Weißmehl, den Teig binden. Ob die Bindung gut genug ist, erkennen Sie an kleinen Fädchen, die sich dann im Teig bilden. Während des Knetens wird der Teig auch etwas fester, weil er in dieser Zeit Flüssigkeit aufnimmt.

Mütschele
Ergibt ca. 20 Stück

Für den Teig:
1000 g Weizenmehl 405
1 Würfel Hefe
½ TL Zucker
2 gestrichene EL Salz
200 g Butter, weich
½ l Milch

Zum Bestreichen:
Eiermilch (1 Eigelb, 2 EL Milch)

Aus den Zutaten einen mittelfesten Hefeteig nach Grundrezept kneten. Zugedeckt zu doppelter Größe gehen lassen. Teig aus der Schüssel nehmen, durchkneten und in 100 g Stücke teilen – das ergibt etwa 20 Stück. Diese zu 15 cm langen Strängen formen. Mit beiden Handkanten an den Enden jeweils eine Kerbe eindrücken. Mit dem Handrücken hin- und herfahren, sodass sich jeweils eine kleine, runde Kugel abteilt, die aber vom Mittelstück nicht ganz abgetrennt wird. Die Mitte flachdrücken. Auf ein mit Backpapier belegtes Blech legen und zugedeckt 20 Minuten gehen lassen. Die Oberfläche mit einem scharfen (elektrischen) Messer rautenförmig einschneiden und mit Eiermilch bestreichen. Bei 200 °C im vorgeheizten Ofen 25 Minuten backen. Auf einem Gitter auskühlen lassen.

Neujahrsbrezel
Für den Teig:
500 g Weizenmehl 405
20 g Hefe
¼ l Milch
70 g Butter
1 TL Salz

Zum Bestreichen:
Eiermilch (1 Eigelb, 2 EL Milch)

Salzigen Hefeteig nach Grundrezept herstellen, gehen lassen. Aus dem Teig eine große Brezel formen, 10 Minuten gehen lassen mit Eiermilch bestreichen und bei 220 °C im vorgeheizten Ofen 15–20 Minuten backen.

Heimatgefühle
Die Mütschele sind ein typisch schwäbisches Gebäck, das hauptsächlich in der Advents- und Weihnachtszeit gebacken wird.

Mütschele

Gebäck zu Bier, Wein und Most

Nichts eignet sich so gut zum Knabbern wie Selbstgebackenes. Der Duft, der Geschmack – all das verlockt und macht den gemütlichen Abend mit Gästen zu einem unvergessenen Erlebnis.

Herzhaftes Gebäck

Auch wenn der Küchenalltag auf dem Land früher karg war, bemühten sich die Hausfrauen doch um Abwechslung. Die Möglichkeiten waren freilich beschränkt, denn in den Zeiten vor Kühlschrank und Discounter, in den Zeiten also, in denen es nicht immer alles frisch gab, konnten die Bäuerinnen nur das auf den Tisch bringen, was Hof, Garten und Keller gerade hergaben. Doch das verarbeiteten sie mit Ehrfurcht und Verstand. Nichts sollte verkommen. schließlich hatte die Familie viel dafür gearbeitet. Für Obst und Gemüse hatte sich die Bäuerin im Garten viele Male gebückt, für die Butter die Kuh versorgt und gemolken.

Das ist heute im Prinzip nicht anders geworden, auch wenn uns alles in Hülle und Fülle zur Verfügung steht. Wir denken im Supermarkt nicht immer daran, wie viel Arbeit auch heute noch in den Produkten steckt. Angesichts der Fülle vergessen wir auch oft, dass früher Nahrungsknappheit auch hierzulande gang und gäbe war – und weltweit noch heute ist.

Deshalb sollen uns diese meist traditionellen Rezepte auch an die Bedeutung der Lebensmittel erinnern. Sie sollen Achtung vor regional erzeugten Produkten und ein Gefühl für die Saison wecken, und sie sollen zeigen, dass es sich lohnt, Lebensmittel mit Sorgfalt zu verarbeiten. Denn dann wird klar: Selbstgebackenes ist etwas ganz Besonderes.

Speckweckle
Ergibt 12–14 Stück

Für den Teig:
500 g Weizenmehl 405
20 g Hefe
ca. ¼ l Milch
½ TL Zucker
50 g Butter oder 40 g Öl
1 EL Salz
200 g Speck, in Würfel geschnitten
nach Geschmack: Kümmel und/oder
    Zwiebelwürfel, gedünstet

Aus den Zutaten einen salzigen Hefeteig nach Grundrezept (Seite 24) herstellen, zugedeckt zu doppelter Größe gehen lassen. Teig aus der Schüssel nehmen, durchkneten und in 12–14 Stücke teilen. Brötchen formen und auf ein mit Backpapier belegtes Blech legen. Zugedeckt 20 Minuten gehen lassen. Die Brötchen bei 220 °C im vorgeheizten Ofen 20–25 Minuten backen.

Variante: Nach dem Gehenlassen Oberfläche mit einem scharfen Messer kreuzweise einschneiden, mit Eiermilch bestreichen, einige Speckwürfelchen oder etwas geriebenen Käse in die Mitte des Brötchens geben.

ඥ *Weggeworfen wurde nichts* ഏ
Weil nur alle drei bis vier Wochen gebacken wurde, waren Backtage die kulinarischen Höhepunkte im Monatslauf. Dann gab es bei uns die leckeren Scherrkuchen mit verschiedenen dünnen Belägen und Salz-Weckle. Dafür schmeckte das im Keller auf der Brothänge gelagerte alte Brot oft sehr gewöhnungsbedürftig. Schimmel und zähe, fädenziehende Teile im Inneren des Laibes waren nicht ungewöhnlich.
Helga Holzwarth aus Murrhardt

Zwiebelschnecken
Ergibt ca. 20 Stück

Für den Teig:
500 g Weizenmehl 405
20 g Hefe
1 Prise Zucker
ca. ¼ l Milch
50 g Butter
1 EL Salz

Für die Füllung:
2 große Zwiebeln, gewürfelt und in Butter gedünstet
200 g Schinken, gewürfelt
50 g Butter, zerlassen

Aus den Zutaten einen salzigen Hefeteig nach Grundrezept herstellen.

Speckweckle mit Zwiebeln und Schnittlauch belegt.

Gegangenen Teig aus der Schüssel nehmen, durchkneten und zu einer rechteckigen Platte ausrollen. Mit zerlassener Butter bestreichen, gedünstete Zwiebel- und Schinkenwürfel darauf verteilen und von der Breitseite her zu einer Rolle aufrollen. Mit einem scharfen Messer 2 cm dicke Scheiben abschneiden, auf ein mit Backpapier belegtes Blech legen, 15 Minuten zugedeckt gehen lassen und bei 220 °C im vorgeheizten Ofen 20 Minuten backen. Nach dem Backen auf einem Gitter auskühlen lassen.
Variante: Rauchfleisch-Käse-Schnecken: Wer es etwas herzhafter mag, kann die Hälfte des Schinkens durch Rauchfleisch ersetzen und noch 100 g Reibkäse dazugeben.

Bogadscherl
Für den Teig:
500 g Mehl 405
100 g Hefe
⅛ l Milch
½ TL Zucker
250 g Quark
250 g Butter
1 Eigelb
1 EL Salz

Zum Bestreichen:
1 Eiweiß

Zum Bestreuen:
Sesam, Reibkäse oder Kümmel

Aus den Zutaten nach Grundrezept einen mittelfesten Hefeteig kneten. 2 Stunden kalt stellen. Teig aus der Schüssel nehmen, durchkneten und ½ cm dick ausrollen. Kreise von 5 cm Durchmesser ausstechen, auf ein mit

Bogadscherl mit Sesam und Kümmel bestreut.

Backpapier belegtes Blech legen, mit Eiweiß bestreichen und mit Sesam, Käse oder Kümmel bestreuen. Bei 200 °C im vorgeheizten Ofen 15–20 Minuten backen. Nach dem Backen auf einem Gitter auskühlen lassen.

Hefe satt

Wundern Sie sich nicht über die viele Hefe, die Sie für dieses Rezept benötigen. Die braucht der Teig, um aufzugehen, weil er durch die große Menge an Butter und Quark sehr schwer ist. Diese Zutaten und vor allem die Hefe machen aber den unverwechselbaren Geschmack dieses Gebäcks aus. Lassen Sie sich überraschen!

Bätscher (Dätscher)

Ergibt 12–15 Stück

Für den Teig:
1000 g Mehl 405
1 Würfel Hefe
1 Prise Zucker
½ l Milch
1 EL Salz
125 g Butter

Für den Belag:
400 g Sauerrahm
2 Eier
Pfeffer, Salz
Schnittlauch
Kümmel

Aus den Zutaten für den Teig einen mittelfesten Hefeteig nach Grundrezept kneten. Zugedeckt zu doppelter Größe gehen lassen. Den Teig aus der

Schüssel nehmen, durchkneten und in 12–15 Teile teilen.

Für den Belag den Sauerrahm und die Eier verrühren, mit Salz und Pfeffer abschmecken. Schnittlauch fein schneiden. Die Teigstücke ausrollen, mit den Händen noch etwas ausziehen und auf ein mit Backpapier belegtes Blech legen. Den Belag auf den Teigstücken verteilen, nach Belieben mit Schnittlauch und Kümmel bestreuen und im vorgeheizten Backofen bei 220 °C 20–25 Minuten backen.

Variante: Den Belag können Sie nach eigenem Geschmack abwandeln und die Dätscher zum Beispiel mit Speckwürfelchen, Lauchzwiebelringen oder gedünsteten Zwiebeln servieren.

Ein leckeres Testgebäck

Bätscher sollten Sie frisch essen. Am besten schmecken sie noch warm aus dem Holzbackofen. Da zum Backen eine starke Hitze benötigt wird, wurden die Bätscher früher vor dem Brotbacken als „Testgebäck" gebacken. Oftmals wurde damals die Oberfläche auch nur mit Rahm bestrichen und mit Kümmel bestreut. Bei vielen Dorffesten backen die Landfrauen das beliebte Gebäck noch heute.

Schinkenhörnchen
Ergibt 16 Stück

Für den Teig:
250 g Weizenmehl 405
20 g Hefe
½ TL Zucker
4 EL Sauerrahm
100 g Butter, weich
1 TL Salz

Für die Füllung:
100 g Schinken, gekocht
50 g Rauchfleisch
1 EL Zwiebeln
1 TL Butter
2 EL Sauerrahm
Pfeffer

Zum Bestreichen:
1 Eiweiß

Zum Bestreichen der Oberfläche:
Eiermilch (1 Eigelb und 2 EL Milch)

Aus den Zutaten für den Teig einen Hefemürbteig nach Grundrezept (Seite 26) herstellen. Zugedeckt 60 Minuten in der Kälte gehen lassen.

Für die Füllung Schinken und Rauchfleisch in Würfel schneiden und im Blitzhacker zu einer homogenen Masse zerkleinern.

Zwiebeln in Butter dünsten, abkühlen lassen. Zwiebeln und Sauerrahm zur Schinkenmasse geben und eine streichfähige Masse herstellen. Mit Pfeffer abschmecken.

Den gegangenen Teig aus der Schüssel nehmen, durchkneten und in zwei Teile teilen. Jeweils zu einer runden Platte ausrollen. Diese in je 8 Segmente teilen. Die entstandenen langgezogenen Dreiecke an den Rändern mit Eiweiß bestreichen. Die Schinkenmasse auf die breite Seite der Dreiecke verteilen und von der Breitseite her zu Hörnchen aufrollen.

Dabei beachten, dass die Spitze des Teigstücks unten liegt. Auf Backpapier setzen, 10 Minuten gehen lassen, mit Eiermilch bestreichen und im vorgeheizten Ofen bei 200 °C 20 Minuten backen. Auf einem Gitter auskühlen lassen.

Käsestangen
Ergibt je nach Größe 30–40 Stück

Für den Teig:
250 g Mehl
20 g Hefe
1 Prise Zucker
4 EL Sauerrahm
100 Butter, weich
1 EL Salz

Zum Bestreichen:
Eiermilch (1 Eigelb, 2 EL Milch)

Zum Bestreuen:
100 g Reibkäse

Aus den Zutaten nach Grundrezept (Seite 26) einen Hefemürbteig herstellen, kalt gehen lassen. Danach durchkneten und in vier Teile teilen. Fingerdicke Stränge ausrollen und in 4 cm lange Stücke teilen. Diese auf Alufolie dicht nebeneinander setzen, mit Eiermilch bestreichen und mit Reibkäse bestreuen. Auf ein mit Backpapier belegtes Blech legen und im vorgeheizten Ofen bei 220 °C 20 Minuten backen. Auf einem Gitter auskühlen lassen.

Mürbe Käsefüßle
Für den Teig:
250 g Mehl
1 gestrichener TL Backpulver
1 Prise Salz
1 Messerspitze Paprika, edelsüß
1 Ei
125 ml Sahne
125 g Butter
200 g Käse (Emmentaler oder Gouda), gerieben

Zum Bestreichen:
Eiermilch (1 Ei, 2 EL Milch)

Zum Verzieren:
Sesam, Mohn, Kümmel

Aus den Zutaten einen Teig kneten und 2 Stunden kalt stellen. Teig ½ cm dick ausrollen, mit speziellen Ausstecherformen Füße ausstechen und auf ein mit Backpapier belegtes Blech legen. Mit Eiermilch bestreichen und verzieren. Im vorgeheizten Ofen bei 180 °C 12–15 Minuten backen.

Käsefüßle mit Quark
Für den Teig:
250 g Mehl
1 Päckchen Backpulver
250 g Magerquark
250 g Butter
150 g Emmentaler, gerieben

Zum Bestreichen:
Eiermilch

Zum Bestreuen:
Sesam, Mohn, Kümmel

Mehl mit Backpulver mischen, Quark, Butter und Käse zugeben und einen

Mürbe Käsefüßle

Teig kneten. 2 Stunden kalt stellen, dann Teig zu einer ½ cm dicken Teigplatte ausrollen, mit den entsprechenden Formen Füße ausstechen, mit Eiermilch bestreichen, nach Belieben mit Sesam, Mohn oder Kümmel bestreuen, auf ein mit Backpapier belegtes Blech legen und im vorgeheizten Ofen bei 200 °C 10–12 Minuten backen.

Mürbes Käsegebäck

Für den Teig:

250 g Weizenmehl 405
½ TL Backpulver
150 g Butter
180 g Emmentaler, gerieben
100 ml Sahne
½ TL Salz
1 TL Paprika, edelsüß

Zum Bestreichen:

Eiermilch (1 Eigelb 2 EL Milch)

Zum Verzieren:

Mandeln, halbiert und abgezogen, Walnüsse, halbiert, Pinienkerne, Sesam, Kümmel oder Mohn

Mehl mit Backpulver mischen, Butter, Emmentaler, Sahne und Gewürze zugeben und einen Mürbteig herstellen. Zugedeckt 1 Stunde kalt stellen. Teig in Portionen etwa 3 mm dick ausrollen und beliebige Formen ausstechen. Auf ein mit Backpapier belegtes Blech legen, mit Eiermilch bestreichen, mit beliebigen Körnern bestreuen oder mit Nüssen verzieren. Im vorgeheizten Backofen bei 200 °C 10–15 Minuten backen.

Tipp

Backen Sie dieses Gebäck auf Vorrat, es lässt sich wunderbar einfrieren.

Käsestäbchen

Für den Teig:
250 g Weizenmehl 405
150 g Butter, weich
1 Eigelb
4 EL Sauerrahm
½ TL Salz
Pfeffer
200 g Gouda, gerieben

Zum Bestreichen:
Eiermilch (1 Eigelb, 2 EL Milch)

Mehl in eine Schüssel geben. Butter, Eigelb, Sauerrahm, 100 g Gouda und Gewürze zugeben und mit den Knethaken zu einem Teig verarbeiten. 1 Stunde im Kühlschrank ruhen lassen.

Teig durchkneten und 3 mm dick ausrollen. Die Teigplatte mit Eiermilch bestreichen und mit dem restlichen Käse bestreuen. Mit dem Teigrädchen 2 cm breite und 8 cm lange Streifen ausrädeln. Diese auf ein mit Backpapier belegtes Blech legen und im vorgeheizten Backofen bei 220 °C 10–12 Minuten backen.

Salzige Kuchen

Diese Kuchen eignen sich gut als leichte Hauptspeise. Sie können sie aber auch kalt zu einem Picknick mitnehmen. Dann sind sie durchgezogen und schmecken oftmals noch viel besser.

Für die herzhaften Kuchen eignen sich der salzige Hefeteig, der salzige Mürbteig und der salzige Hefemürbteig. Als Faustregel gilt: 250 g Mehl reichen für eine runde Backform (Durchmesser: 28 cm). Für rechteckige Backbleche verwenden Sie einfach die doppelte Menge. Den Rest können Sie nach Lust und Laune bestimmen – lassen Sie sich von diesen Rezepten inspirieren!

❧ *Der süße Zwiebelkuchen* ❧

An eine Begebenheit kann ich mich noch gut erinnern. Es war ein Kirbesamstag. In den meisten Familien gab es zum Mittagessen Zwiebelkuchen, die wie damals üblich zum Backen zum Bäcker gebracht wurden. Deshalb herrschte dort an solch einem Tag Hochbetrieb. 15 bis 20 Kuchen, oder auch mehr, mussten bis mittags fertig gebacken sein. Meine Großmutter holte unseren dann kurz vor dem Mittagessen ab. Zu Hause saß schon alles um den Tisch und freute sich auf den frisch gebackenen Zwiebelkuchen. Doch nach dem ersten Bissen folgte die Ernüchterung. Der Kuchen war süß. Mein Großvater vermutete sofort, dass meine Großmutter Zucker und Salz verwechselt hätte. Doch dies verneinte sie mit Nachdruck. Die ganze Angelegenheit löste sich schnell in Wohlgefallen auf, weil meine Großmutter gleich zum Bäcker ging, denn siehe da: Der Bäcker hatte die Kuchen verwechselt. Eine benachbarte Familie, die gesüßten Zwiebelkuchen mochte, hatte unseren gesalzenen bekommen.

Der Bäcker hatte die Kuchen nach dem Backen aus der Form genommen, damit die Böden nicht feucht wurden. Anschließend gab er sie aus Versehen in die falsche Form und damit zur falschen Familie zurück.

Wir tauschten die angeschnittenen Kuchen schnell aus und jede Familie genoss – mit einer kleinen Verzögerung – ihren eigenen Kuchen.

Doris Bopp aus Dettingen unter Teck

Flammkuchen

Für den Teig:

500 g Weizenmehl 405
20 g Hefe
1 Prise Zucker
ca. ¼ l Milch
80 g Butter
1 EL Salz

Für den Belag:

3 Becher Sauerrahm (à 200 g)
4 Eier
1 EL Salz
2 EL Kümmel
2 Bund Schnittlauch oder Zwiebelröhr-
    chen, geschnitten

Für ein Blech: Aus den Zutaten nach Grundrezept (Seite 24) einen mittel-festen Hefeteig herstellen und gehen lassen. Teig zu einem Rechteck in der Größe des Blechs ausrollen und auf das gefettete Blech legen.

Die Zutaten für den Belag gut ver-mischen und auf dem Hefeteig vertei-len. Im vorgeheizten Ofen bei 220 °C 40 Minuten backen. Aus der Form neh-men und noch warm servieren.

Schwäbischer Speckkuchen

Für den Teig:

500 g Weizenmehl 405
20 g Hefe
1 Prise Zucker
ca. ¼ l Milch
80 g Butter
1 EL Salz

Für den Belag:

500 g Speckwürfelchen
Kümmel
Salz nach Bedarf

Für ein Blech: Aus den Zutaten einen mittelfesten Hefeteig nach Grundre-zept herstellen. Teig nach dem Gehen durchkneten und zu einem Rechteck in Blechgröße ausrollen.

Speckwürfelchen und Kümmel dar-auf verteilen und im vorgeheizten Ofen bei 220 °C 20–30 Minuten ba-cken.

Aus der Form nehmen und noch warm servieren.

Variante: Für einen **Speckkuchen mit Käse:** 1 Becher Sauerrahm mit 1 Ei verrühren, mit Salz und Pfeffer wür-zen. Teigboden damit bestreichen. 150 g Speckwürfelchen und 150 g Reibkäse darüber streuen. Backzeit 20–30 Minuten bei 220 °C. Schmeckt noch warm am besten.

Zwiebelkuchen

Für den Teig:

250 g Mehl
10 g Hefe
1 Prise Zucker
ca. ⅛ l Milch
40 g Butter
1 TL Salz

Für den Belag:

1 kg Zwiebeln, gewürfelt
80 g Butter
4 Eier
1 Becher süße Sahne
2 EL Crème fraîche
3 EL Mehl 405
1 EL Salz

Für einen runden Kuchen: Aus den Zu-taten einen salzigen Hefeteig nach Grundrezept herstellen und gehen las-sen. Die Zwiebelwürfel in der Butter sehr gut weich dünsten. Nach dem Er-

Zwiebelkuchen

Durch genügend langes Dünsten werden die Zwiebeln bekömmlicher. Sparen Sie auch nicht mit Kümmel, denn der hilft bei der Verdauung und verhindert Blähungen.

Krautkuchen
Für den Teig:
250 g Mehl
10 g Hefe
ca. ⅛ l Milch
40 g Butter
1 TL Salz

Für den Belag:
1 kg Spitzkraut, fein gehobelt
80 g Butter
Salz, Pfeffer, Kümmel
2 Eier
2 EL Mehl
200 g Sauerrahm
150 g durchwachsener Speck, gewürfelt

kalten Eier, Sahne, Crème fraîche und Mehl unterheben. Zum Schluss mit Salz würzen.

Den gegangenen Hefeteig aus der Schüssel nehmen, durchkneten, zu einer runden Teigplatte ausrollen und in eine gefettete Springform geben. Den Belag darauf verteilen und im vorgeheizten Ofen bei 175 °C 50 Minuten backen. Nach dem Backen aus der Form nehmen und noch warm servieren.
Variante: Zu den Zwiebeln können nach Belieben Kümmel oder Speckwürfelchen gegeben werden.

Für einen runden Kuchen: Salzigen Hefeteig nach Grundrezept herstellen. Gehen lassen.

Kraut in Butter dünsten, auskühlen lassen. Mehl, Eier, Sauerrahm und Gewürze zugeben.

Nach dem Gehen Hefeteig durchkneten, ausrollen und in eine gefettete, runde Backform legen. Krautmasse darauf verteilen, Speckwürfelchen darüber streuen und im vorgeheizten Ofen bei 175–200 °C 50 Minuten backen. Warm servieren.

Kartoffelkuchen

Für den Teig:
500 g Weizenmehl 405
20 g Hefe
1 Prise Zucker
ca. ¼ l Milch
80 g Butter
1 TL Salz

Für den Belag:
750 g Kartoffeln, gekocht und gerieben
2 EL Mehl
2 EL Butter, zerlassen
3 Eier
2 Becher Sauerrahm (à 200 g)
Pfeffer, Salz, Muskat, Streuwürze
100 g geräucherter Speck, gewürfelt

Für ein Blech: Aus den Zutaten für den Teig einen salzigen Hefeteig nach Grundrezept herstellen, gehen lassen und ein gefettetes Backofenblech damit auslegen. Die geriebenen Kartoffeln mit Mehl, Butter, Eiern und Sauerrahm verrühren. Mit den Gewürzen abschmecken und auf dem Teigboden verteilen. Speckwürfelchen darauf verteilen. Im vorgeheizten Ofen bei 200 °C 45 Minuten backen. Warm servieren.

Tipp

Würzen Sie diesen Kartoffelkuchen vorsichtig mit Salz, denn der Speck ist oft selbst schon sehr salzig. Die ausgebackenen Speckwürfelchen geben dem Kuchen einen wunderbaren Geschmack.

Elsässer Speckkuchen

Für den Teig:
250 g Mehl
100 g Butter
1 Ei
1 TL Salz
3 EL Sauerrahm

Für den Belag:
200 g gekochter Schinken, gewürfelt
3 Eier
300 ml Sahne
125 g Emmentaler, gerieben
Pfeffer
1 gestrichener TL Salz

Für einen runden Kuchen: Aus den Zutaten für den Teig einen salzigen Mürbteig nach Grundrezept (Seite 28) herstellen, ausrollen und ein gefettetes rundes Blech damit auslegen. Schinkenwürfel und Reibkäse auf dem Teigboden verteilen. Eier mit Sahne verrühren. Mit den Gewürzen abschmecken und gleichmäßig auf die Schinken-Käse-Masse gießen. Im vorgeheizten Ofen bei 200 °C 30–40 Minuten backen. Warm servieren.
Variante: Gekochten mit geräuchertem Schinken mischen, das schmeckt anders, aber genauso lecker.

Lauchkuchen

Für den Teig:
250 g Mehl
100 g Butter
1 Ei
1 TL Salz
3 EL Sauerrahm

Für den Belag:
300 g Schinkenwurst, gewürfelt
750 g Lauch, in Würfel geschnitten
100 g durchwachsener Speck, gewürfelt
3 EL Öl
Salz, Pfeffer, Curry
250 g Sauerrahm
2 Eier

Für einen runden Kuchen: Aus den Zutaten für den Teig einen salzigen Mürbteig nach Grundrezept herstellen, kalt stellen. Mürbteig ausrollen und ein gefettetes, rundes Blech damit auslegen.

Schinkenwurstwürfel auf dem Teigboden verteilen. Speck in Öl ausbraten, Lauch dazugeben und 15 Minuten weich dünsten. Mit Salz, Pfeffer und Curry würzen. Die Lauchmasse etwas abkühlen lassen und auf den Schinkenwurstwürfeln verteilen. Die Eier mit Sauerrahm verrühren, mit Salz und Pfeffer würzen und über die Lauchmasse geben. Bei 175 °C 50–60 Minuten backen. Noch warm servieren.

Tipp

Servieren Sie diesen Kuchen zu einem Geburtstag. Ihre Gäste werden begeistert sein. Der Kuchen ist eine leckere Vorspeise oder, zusammen mit einem Tomatensalat zum Beispiel, ein kleines Abendessen.

Champignon-Käsetorte

Für den Teig:
250 g Mehl
100 g Butter
1 Ei
1 TL Salz
3 EL Sauerrahm

Für den Belag:
2 EL Öl
150 g Schinken, gewürfelt
1 Stange Lauch, gewürfelt
400 g frische Champignons, in Scheiben geschnitten
10 Oliven, in Scheiben geschnitten

Für den Guss:
30 g Butter
20 g Mehl
3/8 l Milch
2 EL gemischte Kräuter, gehackt
Pfeffer
1 TL Salz
2 Eigelb
125 g Camembert, gewürfelt

Für einen runden Kuchen: Aus den Zutaten für den Teig einen salzigen Mürbteig nach Grundrezept herstellen, kalt stellen. Schinkenwürfel in Öl anbraten, Lauch und Champignons zugeben und 10 Minuten dünsten. Etwas abkühlen lassen.

Mürbteig ausrollen und in eine gefettete Springform geben. Masse auf dem Teig verteilen. Wenn sich Flüssigkeit gebildet hat, diese vorher abgießen. Für den Guss die Butter zerlassen, Mehl darin hellgelb anschwitzen, mit der Milch ablöschen und aufkochen

Champignon-Käsetorte

lassen. Camembertwürfel dazugeben, gut durchrühren. Kräuter, Gewürze und Eigelb zugeben. Guss über die Champignon-Lauch-Masse gießen. Olivenscheiben auf der Oberfläche verteilen. Im vorgeheizten Ofen bei 200 °C 50–60 Minuten backen. Warm servieren.

Spinatkuchen
Für den Teig:
250 g Mehl
20 g Hefe
1 Prise Zucker
4 EL Sauerrahm
100 g Butter
1 TL Salz

Für den Belag:
250 g Schinkenwurst, gewürfelt
40 g Butter
1,5 kg Spinat, frisch, oder
2 Pakete Blattspinat, gefroren (à 600 g)
1 TL Salz, Streuwürze, Muskat
50 g Emmentaler, gerieben
4 Eier
250 ml Sahne, süß

Für einen runden Kuchen: Hefemürbteig nach Grundrezept (Seite 26) herstellen und zugedeckt in der Kälte 60 Minuten ruhen lassen. Teig ausrollen und ein gefettetes rundes Backblech damit auslegen. Schinkenwurstwürfel auf dem Teig verteilen. Spinat waschen und putzen, in Butter andünsten, würzen, etwas abgekühlt auf der Wurst verteilen. Emmentaler darüber streuen. Eier mit Sahne verrühren, würzen und über den Spinat gießen. Im vorgeheizten Ofen bei 220 °C 50 Minuten backen. Warm servieren.

Zucchinischnitten
Ergibt 12–15 Portionen

Für die Masse:
1500 g Zucchini
2 EL Salz
250 g Zwiebeln
2 Knoblauchzehen
100 g Butter
400 g Gouda-Käse, gerieben
4 Bund Schnittlauch, geschnitten
10 Eier
50 g Semmelbrösel
Pfeffer

Zum Bestreuen:
100 g Gouda-Käse, gerieben
50 g Semmelbrösel
50 g Butter

Zucchini mit der Schale grob raspeln, mit Salz mischen und ziehen lassen. Flüssigkeit ausdrücken. Zwiebeln würfeln und in Butter andünsten, Knoblauchzehen schälen, fein hacken oder durch die Presse drücken und zu den Zwiebeln geben. Ausgedrückte Zucchini zugeben und 5 Minuten mitschmoren lassen. Masse etwas abkühlen lassen, dann 400 g Käse, Eier, Schnittlauch und 50 g Semmelbrösel untermischen. Mit Pfeffer abschmecken.

Eine Auflaufform (3 l Fassungsvermögen) oder die Fettpfanne des Backofens ausfetten, die Zucchinimischung einfüllen. Erst 100 g geriebenen Käse, dann die Semmelbrösel darüber streuen und Butterflöckchen darauf verteilen. Im vorgeheizten Ofen bei 200 °C 40 Minuten backen. Warm servieren.

Süßes für jede Jahreszeit

Backen macht Freude, das galt für unsere Mütter und das gilt auch noch heute. Es gibt schließlich kaum etwas Wohlriechenderes, Vielversprechenderes als der Duft von Frischgebackenem. Deshalb gehören Kuchen und Gebäck nicht nur an Feiertagen auf die Kaffeetafel. Auch wochentags ist ein Stück davon immer hoch willkommen. Ob als pfiffiges Törtchen fürs Kaffeekränzchen oder als schnelles Stückchen für den Überraschungsbesuch: Hier finden Sie einfache und raffinierte Rezepte, mit denen Sie sich den Alltag zum Sonntag machen können. Und zwar das ganze Jahr über.

Kuchen für jeden Tag

Wo Kühlschränke fehlen, sind Sahnetorten unpraktisch. Und wo elektrische Küchengeräte fehlen, sind Rührkuchen Schwerstarbeit. Will heißen: Buken früher die Hausfrauen süßen Kuchen, waren das mangels Elektrizität meist Obstkuchen. Aber auch das hatte seine Tücken: Während in der heutigen globalisierten Welt das Obst ganzjährig frisch zur Verfügung steht, konnten die Hausfrauen früher nur das verarbeiten, was Garten oder Vorratskammer gerade hergaben. Dem Haltbarmachen von Obst und Beeren kam daher eine wichtige Bedeutung zu, denn es verlängerte die Obst-Saison erheblich.

Heute ist das anderes: Obst ist das ganze Jahr über frisch zu kaufen, Beeren halten sich in der Gefriertruhe mehrere Monate. Deshalb haben sich auch die Backgewohnheiten und entsprechend die Rezepte geändert.

Die Rezepte in diesem Kapitel sind schnell gemacht: Es sind zum größten Teil Rührkuchen, die in einer Gugelhupf- oder Kastenform gebacken werden. Sie sind – und das ist hier wörtlich zu verstehen – im Handumdrehen zusammengemixt. Ab in den Backofen damit, und schon kurze Zeit später zieht der Kuchenduft durch die Wohnung.

Früchte für die Winterszeit

Kompotte, Muse, Marmeladen, Getrocknetes – die Hausfrauen früher waren Meisterinnen im Haltbarmachen. Die Vorsorge für den Winter hat in den Bauersfamilien Tradition. Viele waren früher reine Selbstversorger. Für sie war der gefüllte Vorratskeller der Garant für einen sorgenfreien Winter. Das Überleben hing damals auch vom Geschick der Bäuerin ab, die Vorräte gut durch den Winter zu bringen. Außerdem war jede Bäuerin stolz, und ist es noch heute, wenn sie die eigenen Produkte verarbeiten konnte. Während der Obstsaison buk sie ihre Kuchen daher mit frischen Beeren oder Obst aus dem Garten, außerhalb der Saison griff sie auf ihre Vorräte zurück.

Eingedünstet in Gläser wurden Zwetschgen, Johannisbeeren (Träuble), Süßkirschen, Sauerkirschen und Birnen. Das hatte den Vorteil, dass das Obst sofort als Kuchenbelag oder zum Essen verwendet werden konnte.
Als Kompott sind besonders Birnen und Süßkirschen beliebt. Mit einem Tupfer Sahne verziert, sind solche Kompotte leckere Desserts.
Im Keller lassen sich Äpfel und Birnen einlagern. Hier zeigen sich die Vorteile der sortenreichen Streuobstwiesen: Es sind frühe Äpfel darunter, späte Birnen, lagerfähiges Obst, Tafel- und Mostfrüchte. Eben alles, was der bäuerliche Haushalt brauchte.
Getrocknet wurden die Früchte ebenfalls: Zwetschgen und Birnen wurden zu Hutzeln getrocknet und in der Vorweihnachtszeit zu Früchtebrot (Hutzel- oder Schnitzbrot) verarbeitet oder nur so zum Knabbern verwendet. Heute besitzt fast jeder Haushalt eine **Gefriertruhe**. So kann Obst einfach und gut haltbar gemacht werden. Besonders günstig ist dies für Johannisbeeren, Brombeeren und Himbeeren.

Marmorkuchen, ein Kuchen für den Werktag.

Marmorkuchen
Für den Teig:
250 g Butter, weich
250 g Zucker
1 Päckchen Vanillezucker
5 Eier
500 g Mehl
1 Päckchen Backpulver
30 g Kakao
100 ml Milch

Butter schaumig rühren, Zucker, Vanillezucker und Eier abwechselnd zugeben. Mehl mit Backpulver mischen und löffelweise zu der Schaummasse geben, dabei nach und nach die Milch, bis auf einen kleinen Rest, zugeben. Die Hälfte des Teigs in eine gefettete Gugelhupfform geben. Kakao und restliche Milch unter den restlichen Teig heben. Auf den weißen Teig füllen und mit einer Gabel spiralförmig unterziehen.

Bei 175 °C im vorgeheizten Backofen gut 60 Minuten backen. Kuchen aus dem Ofen nehmen und 10 Minuten in der Form stehen lassen. Danach auf ein Gitter stürzen und vollends auskühlen lassen.

Schokoladenring
Für den Teig:
200 g Butter, weich
200 g Zucker
4 Eier
350 g Mehl
60 g Kakao
1 Päckchen Backpulver
200 ml Milch

Zum Bestreuen oder Glasieren:
Puderzucker oder Schokoladenglasur

Butter schaumig rühren, Zucker und Eier abwechselnd zugeben. Mehl, Kakao und Backpulver mischen und mit der Milch zur Schaummasse geben.

Teig in eine gefettete Ringform füllen und im vorgeheizten Ofen bei 175 °C 50 Minuten backen. 15 Minuten in der Form abkühlen lassen, auf ein Gitter stürzen. Nach dem Erkalten mit Puderzucker bestäuben oder mit Schokoladenglasur überziehen.

◌෴ Unvergessene Düfte ෴◌

Am Nachmittag oder gegen Abend war ums Backhäusle immer etwas los. Somit hat es manchmal etwas länger gedauert, wenn man sich mit der Dorfjugend traf. Das war in den Kriegsjahren das Schönste, andere Abwechslung gab es ja kaum. Außerdem hatte man ja immer Hunger und der Duft ums Backhäusle ist bis heute unvergessen. Bei manchen Frauen, die nicht so knausrig waren, ist auch ein kleines Stückle vom Obstkuchen oder ein Weckle abgefallen.
Besonders freut mich, dass dieses Backhaus heute wieder in Betrieb ist. Jeden Herbst gibt es ein Backhausfestle, das immer gut besucht wird.

Martha Deigendesch aus Rosenfeld-Isingen

Rehrücken
Für den Teig:
125 g Butter, weich
125 g Zucker
1 Päckchen Vanillezucker
4 Eier
65 g Mehl
60 g Stärkemehl
1 TL Backpulver
100 g Bitterschokolade, gerieben
150 g Haselnüsse, gemahlen
1–2 EL Rum

Zum Bestreuen oder Bestreichen:
Puderzucker oder Schokoladenglasur

Butter schaumig rühren, Zucker, Vanilezucker und Eier abwechselnd zugeben. Mehl mit Backpulver mischen und mit der geriebenen Schokolade zugeben. Zuletzt die gemahlenen Haselnüsse und den Rum unterheben.

Den Teig in eine gefettete Rehrückenform füllen und im vorgeheizten Backofen bei 175 °C 50 Minuten backen. Kuchen in der Form 10 Minuten abkühlen lassen, dann auf ein Gitter stürzen. Nach dem Auskühlen mit Puderzucker bestäuben oder mit Schokoladenglasur (Seite 66/67) überziehen.

> *Tipp*
> Füllen Sie die Rührschüssel vor Beginn mit heißem Wasser. Leeren Sie das Wasser aus und rühren Sie in der angewärmten Schüssel die Butter schaumig. Wenn die Schüssel warm ist, kann die Butter nicht am Rand festkleben und lässt sich wunderbar aufschlagen.

Gewürzkuchen
Für den Teig:
125 g Butter, weich
250 g Zucker
1 Päckchen Vanillezucker
4 Eier
350 g Mehl
50 g Kakao
4 gestrichene TL Backpulver
3 Tropfen Bittermandelöl
1 Prise Salz
1 Messerspitze Nelken, gemahlen
etwas Muskatnuss, abgerieben
1 gestrichener TL Zimt
⅛ l Milch

Zum Bestreuen:
Puderzucker

Butter schaumig rühren, Zucker, Vanillezucker und Eier abwechselnd zugeben. Bittermandelöl zugeben, Mehl mit Backpulver mischen, Kakao und die trockenen Gewürze untermischen. Mehl abwechselnd mit der Milch unterheben. Teig in eine gefettete Kastenform füllen und im vorgeheizten Ofen bei 175 °C 60 Minuten backen. Kuchen in der Form 10 Minuten abkühlen lassen, dann vorsichtig auf ein Gitter stürzen. Nach dem Auskühlen mit Puderzucker bestäuben.

> ### Tipp
> Die Kuchen auf diesen Seiten werden mit einem Rührteig gemacht. Hier ist es wichtig, dass alle Zutaten die selbe Temperatur haben, denn sonst gerinnt der Teig. Das heißt, er vermischt sich nicht richtig. Doch keine Angst. Das Gerinnen ist nur ein Schönheitsfehler. Nach dem Backen merkt man nichts mehr davon.

Joghurtkuchen (Becherkuchen)
(Maßeinheit = 1 Joghurtbecher)
1 Becher Joghurt (200 g)
2 Becher Zucker
1 Päckchen Vanillezucker
3 Eier
3 Becher Mehl
1 Päckchen Backpulver
1 Becher Öl

Joghurt, Zucker, Vanillezucker und Eier verrühren, Mehl mit Backpulver mischen und abwechselnd mit dem Öl dazugeben. Teig in eine gefettete Kastenform füllen und bei 175 °C 45 Minuten backen. Auf einem Gitter auskühlen lassen und mit Puderzucker bestäuben.

Zebrakuchen
Für den Teig:
5 Eigelb
250 g Zucker
1 Päckchen Vanillezucker
125 ml Wasser, lauwarm
250 ml Öl
375 g Weizenmehl
1 Päckchen Backpulver
5 Eiweiß
2 EL Kakao

Für die Schokoglasur:
200 g Kuvertüre oder Halbbitterschokolade
40 g Palmin

Eigelb mit Zucker schaumig rühren, Vanillezucker zugeben, Mehl mit Backpulver mischen und abwechselnd mit Öl und Wasser zur Eimasse geben. Eischnee steif schlagen und portionsweise unter den Teig heben. Unter die Hälfte des Teiges den Kakao mischen.

Raffiniert: Zebrakuchen mit Schokoladenglasur.

Eine Springform mit geradem Rand einfetten oder mit Backpapier auslegen. Einen großen Löffel benutzen und in die Mitte der Form einen Löffel des hellen Teigs geben. Dann einen Löffel des dunklen Teigs auf den hellen geben. Das Ganze wiederholen bis der ganze Teig aufgebraucht ist. Im vorgeheizten Ofen bei 175 °C 50–60 Minuten backen.

Nach dem Erkalten mit Puderzucker bestäuben oder mit Schokoladenglasur überziehen.

Für die **Schokoladenglasur:** Schokolade und Palmin vorsichtig zerlassen, gut vermischen, etwas abkühlen lassen, dann wieder leicht erwärmen (so glänzt die Glasur schön) und auf dem Gebäck verteilen.

> **Tipp**
>
> Für diesen Kuchen können Sie sowohl frische als auch Kirschen aus dem Glas verwenden, die Sie aber gut abtropfen lassen.

Sauerkirschkuchen

Für den Teig:

200 g Butter, weich
180 g Zucker
4 Eier
100 g Halbbitterschokolade, gerieben
125 g Haselnüsse, gemahlen
125 g Mehl
1 TL Backpulver
2 EL Rum

Für die Auflage:

750 g Sauerkirschen

Butter schaumig rühren, Zucker und Eier zugeben und gut verrühren. Geriebene Schokolade und gemahlene Haselnüsse unterheben. Mehl mit Backpulver mischen und mit dem Rum dazugeben. Den Teig in eine gefettete, runde Springform füllen und die Kirschen darauf verteilen. Bei 175 °C 50–60 Minuten backen. Nach dem Erkalten mit Puderzucker bestäuben oder mit Schokoladenglasur überziehen.

Zupfkuchen

Für den Teig:

360 g Mehl
1 Päckchen Backpulver
200 g Butter
175 g Zucker
2 Eier
40 g Kakao

Für die Füllung:

200 g Butter, weich
200 g Zucker
1 Päckchen Vanillezucker
3 Eier
500 g Quark

Mehl mit Backpulver mischen, Butter, Zucker, Eier und Kakao zugeben und einen Teig kneten. 2 Stunden kalt stellen. Zwei Drittel des Teiges zu einer runden Teigplatte ausrollen und eine gefettete Springform damit auslegen.

Für die Füllung Butter schaumig rühren, Zucker, Vanillezucker und Eier zugeben. Eine schöne Schaummasse rühren, dann den Quark unterheben. Diese Quarkmasse auf den Teigboden geben und glatt streichen. Den restlichen Teig zerzupfen und wie Streusel auf der Quarkmasse verteilen. Im vorgeheizten Ofen bei 180 °C 60 Minuten backen. Kuchen 30 Minuten in der Form abkühlen lassen, dann auf ein Gitter stürzen und vollends erkalten lassen.

Einfache Blechkuchen

Höhepunkt des Kuchenbackens in den ländlichen Haushalten war früher der Kirbesamstag, der Tag vor der Kirchweih. Zehn und mehr Kuchen wurden da in den Familien oft gebacken.

Oft dauerte es eine ganze Woche, bis alles wieder aufgegessen war. Sonst gab es höchstes an Feiertagen oder zum Geburtstag einen Kuchen. Das ist heute anderes: Heute gibt es in vielen Familien jeden Sonntag Kuchen, manchmal sogar auch noch am Werktag.

❧ *Der Teig-Transfer* ☙

Regelmäßig gab es bei uns neben Schwarzbrot auch Weißbrot und, je nach Jahreszeit, verschiedene Blechkuchen. Unsere Oma und wir Kinder haben dabei kräftig mitgeholfen. Mit einem Leiterwägele sind wir zwei-, manchmal auch dreimal zum Backhaus gefahren, bis alles dort war und das eigentliche Backen losgehen konnte.
Elfriede Wiedmann aus Neuenstein-Obersöllbach

Zwetschgenkuchen

Für den Teig:

300 g Mehl
½ Päckchen Backpulver
150 g Magerquark
75 g Zucker
1 Ei
50 g Öl
1–2 EL Milch, bei Bedarf

Für den Belag:

2 kg Zwetschgen, entsteint

Für die Haselnuss-Streusel:

100 g Mehl

100 g Zucker
100 g Haselnüsse, gemahlen
1 TL Zimt
100 g Butter, zerlassen

Für ein Backblech: Mit den Zutaten für
den Teig einen Quarkölteig nach dem
Grundrezept (Seite 25) herstellen.
Teig ausrollen und auf ein gefettetes
Backofenblech legen. Mit den entstein-
ten Zwetschgen belegen.
   Haselnuss-Streusel herstellen:
Mehl, Zucker, Zimt und Nüsse mi-
schen, mit einer Gabel die zerlassene
Butter unterheben. Streusel auf dem
Obst verteilen. Im vorgeheizten Ofen
bei 175 °C 45 Minuten backen.

Zwetschgenkuchen

Apfelkuchen
Für den Teig:
300 g Mehl
½ Päckchen Backpulver
150 g Magerquark
75 g Zucker
1 Ei
50 g Öl
2–3 EL Milch bei Bedarf

Für den Belag:
2 kg Äpfel, geschält und geachtelt

Für den Guss:
3 Eier
200 g Zucker
250 g Quark
2 EL Mehl
2 EL Vanillepuddingpulver
100 ml Milch

Für ein Backblech: Mit den Zutaten für
den Teig einen Quarkölteig nach
Grundrezept herstellen (Seite 25),
ausrollen und auf ein gefettetes Backofenblech geben. Mit den Apfelspalten
belegen.
Für den Quarkguss: Eier und Zucker
dick schaumig rühren. Quark zugeben
und gut mischen. Mehl mit Puddingpulver mischen und mit der Milch zugeben. Quarkmasse auf den Äpfeln
verteilen und bei 175 °C 45 Minuten
backen.
Variante: Apfel-Streuselkuchen:
Statt Quarkguss schmeckt auch ein Belag von Streuseln (siehe Zwetschgenkuchen) lecker.

Aprikosenkuchen mit Streuseln

Für den Teig:
300 g Mehl
150 g Butter
75 g Zucker
1 Eigelb
2 EL Sauerrahm

Für die Auflage:
2 kg frische Aprikosen, halbiert und ent-
    steint
oder 2 Dosen Aprikosen (à 850 ml), gut
    abgetropft

Für den Guss:
2 Eier
200 g Zucker
200 g Quark
100 ml Sahne
2 EL Mehl
2 EL Sahnepuddingpulver

Für die Streusel:
100 g Butter, zerlassen
100 g Mehl
100 g Zucker

Für ein Backblech: Aus den Zutaten
für den Teig einen Mürbteig herstellen
nach Grundrezept (Seite 28). Teig
1 Stunde kalt stellen. Teig ausrollen
und das Blech damit auslegen. Aprikosen auf dem Teig verteilen.

Für den Guss Eier mit Zucker
schaumig rühren, Quark und Sahne
zugeben, Mehl mit Puddingpulver mischen, unterheben und auf den Aprikosen verteilen.

Für die Streusel: Mehl mit Zucker
mischen, die zerlassene Butter mit einer Gabel unterheben. Streusel auf
dem Kuchen verteilen. Bei 175 °C
50 Minuten backen.

Backen bis spät in die Nacht
*Zu Kirchweih wurden bei uns zu Hause
immer zehn Obstkuchen gebacken. Dieser
Tag war ein sehr anstrengender Tag, da
zuvor auch noch Brot gebacken wurde.
An so einem Backtag wurde es meist
recht spät, oft bis nach Mitternacht.*
Ruth Jeutter aus Berglen

Zitronenkuchen auf dem Blech

Für den Teig:
200 g Butter, weich
250 g Zucker
4 Eier
Schale einer ½ Zitrone, abgerieben
4 EL Milch
300 g Mehl
75 g Stärkemehl
3 gestrichene TL Backpulver

Für die Zitronenglasur:
250 g Puderzucker
2 EL Zitronensaft
1–2 EL Wasser, warm, nach Bedarf

Butter schaumig rühren, Zucker und
Eier abwechselnd zugeben. Mehl, Stärkemehl, Zitronenschale und Backpulver mischen und abwechselnd mit der
Milch zur Schaummasse geben. Teig
auf ein gefettetes, rechteckiges Backblech streichen und im vorgeheizten
Ofen bei 175 °C 30 Minuten backen.
Zutaten für die Zitronenglasur verrühren. Den warmen Kuchen damit bestreichen.

Aprikosenkuchen

Haselnusskuchen auf dem Blech

Für den Teig:
200 g Haselnüsse, gemahlen
200 g Zucker
1 EL Kakao
1 Päckchen Vanillezucker
250 g Mehl
4 gestrichene TL Backpulver
50 g Schokolade, gerieben
2 Eier
2 EL Rum
⅛–¼ l Milch

Für die Punschglasur:
250 g Puderzucker
1 EL Zitronensaft
1 EL Rum
1–2 EL Wasser, warm

Haselnüsse, Zucker, Kakao, Vanillezucker, Mehl, Backpulver und Schokolade in einer Schüssel gut mischen. Eier, Rum und Milch zugeben und untermischen. Teig auf ein gefettetes Backofenblech streichen und im vorgeheizten Ofen bei 175 °C 30 Minuten backen. Zutaten für die Punschglasur verrühren und den Kuchen damit bestreichen.
Variante: Wer die Punschglasur nicht mag, kann den Kuchen auch mit Puderzucker bestäuben.

Hefegebäck

Wie kaum ein anderer Teig ist der Hefeteig vielseitig. Wie kaum ein anderer ist er mit der Küche der Bäuerinnen verbunden. Süßes Hefegebäck schmeckt frisch am besten. Allerdings ist der Geschmack nur ein Teil des Genusses. Der Duft gehört dazu! Zieht der abends durch die Wohnung, wissen alle schon vor dem Zubettgehen: Das Sonntagsfrühstück wird wieder einmal etwas ganz Besonderes sein.

Hefezopf

Für den Teig:
500 g Weizenmehl 405
½ Würfel Hefe
200 ml Milch, lauwarm
80 g Zucker
80 g Butter
1 Ei
1 EL Öl
etwas Zitronenschale, abgerieben
1 Prise Salz

Zum Bestreichen:
Eiermilch (1 Eigelb, 2 EL Milch)

Zum Bestreuen:
Hagelzucker
Mandelblättchen oder -stifte

Aus den Zutaten einen süßen Hefeteig nach Grundrezept (Seite 24) kneten. Zugedeckt zu doppelter Größe gehen lassen. Teig aus der Schüssel nehmen, durchkneten und in drei gleich schwere Stücke teilen. Teigstücke zu drei gleich langen Strängen ausrollen. Kreuzweise in der Mitte übereinanderlegen und von der Mitte aus zu einem Zopf flechten.

Auf ein mit Backpapier belegtes Blech legen und zugedeckt 20 Minuten gehen lassen. Oberfläche mit Eiermilch bestreichen, mit Hagelzucker und Mandelblättchen bestreuen. Im vorgeheizten Ofen bei 175 °C 40 Minuten backen. Nach dem Backen auf einem Gitter auskühlen lassen.

ɣ *Mutters Pech war Kinders Freude* ɕ

Es mag wohl 1966 gewesen sein. Zu dieser Zeit machte meine Mutter wöchentlich zwei Riesenhefezöpfe. Auf dem großen Blech, das links und rechts je einen Griff hatte, transportierten wir zwei Kinder den Teig zum Bäcker.

Einmal, als wir die Hefezöpfe abholen wollten, war der Schreck groß: Sie waren rabbelschwarz! Dem Bäcker war das natürlich peinlich und er gab uns zwei Riesenzöpfe von sich. Meine Mutter schimpfte sehr, als sie das Malheur sah – sie hatte sich doch so viel Mühe gemacht. Wir Kinder aber genossen den gekauften Zopf, so etwas gab es ja sonst nie.
Heiderose Kozel-Rapp aus Belsenberg

Schwäbischer Zopf
Für den Teig:
500 g Mehl
20 g Hefe
1 Prise Salz
ca. ¼ l Milch
80 g Butter
60 g Zucker
1 Eigelb

Für den Belag:
1 Eiweiß
80 g Zucker
80 g Rosinen
80 g Haselnüsse o. Walnüsse, gemahlen
Zimt nach Geschmack

Zum Bestreichen:
125 g Puderzucker
1 TL Zitronensaft
2 EL heißes Wasser

Aus den Zutaten einen süßen Hefeteig nach Grundrezept kneten. Teig nach

Der Zopf wird von der Mitte aus geflochten.

dem Gehen aus der Schüssel nehmen, durchkneten und zu einer rechteckigen Platte ausrollen. Die Oberfläche mit dem Eiweiß bestreichen, mit Rosinen, Zucker, Zimt und Nüssen bestreuen. Von der Breitseite her aufrollen und mit einem scharfen Messer der Länge nach durchschneiden, dabei ein Ende nicht durchschneiden. Von dieser nicht durchgeschnittenen Seite aus die beiden Hälften der Teigrolle so umeinanderschlingen, dass die Schnittflächen oben liegen

Den so entstandenen gewundenen Zopf auf ein mit Backpapier belegtes Blech legen und zugedeckt 15 Minuten gehen lassen. Im vorgeheizten Ofen bei 175 °C 40 Minuten backen. Zutaten für die Zuckerglasur verrühren. Den noch heißen Kuchen damit bestreichen. Kuchen auf einem Gitter auskühlen lassen.

❧ *Der mitfühlende Bäcker* ❧

Für besondere Festtage hat meine Mutter Zopfbrot gebacken. Weil wir drei Kilometer außerhalb wohnten, mussten wir Kinder Transportdienste übernehmen. Wir gingen ja sowieso zur Schule in den Ort. Unser erster Auftrag war dann meistens, Weinbeeren vom Dorflädle mitzubringen. Das war ein großer Vertrauensvorschuss von Mutter, denn Rosinen gab es nur offen zu kaufen. Ich muss aber zugeben: Nicht immer haben wir so viele Beeren heimgebracht, wie wir eingekauft haben. Die Versuchung und der Hunger waren einfach zu groß. Am nächsten Tag bekamen wir die Teigschüssel, um sie dem Bäcker zu bringen. Beim Nachhauseweg – wenn wir die fertigen Zöpfe mit heimnehmen mussten, schenkte uns der mitfühlende Bäcker immer eine Myrrhe (kleines Hefegebäck), denn die duftenden Zöpfe durften ja nicht angeknabbert werden. Wir haben sie gehütet wie ein Heiligtum, damit sich keine bösen Nachbarsbuben daran vergriffen … und freuten uns auf den nächsten Frühstücksmorgen mit Kranzbrot, Butter und Marmelade!
Emma Dangel aus Steinhausen

Nusshörnchen
Ergibt 16 Stück

Für den Teig:
500 g Mehl
20 g Hefe
ca. ¼ l Milch
80 g Butter
60 g Zucker
1 Ei

Für die Füllung:
125 g Haselnüsse oder Walnüsse, gemahlen
50 g Zucker
3 EL Sahne
Zimt, nach Geschmack

Zum Bestreichen:
125 g Puderzucker
2–3 EL heißes Wasser

Aus den Zutaten für den Teig einen süßen Hefeteig nach Grundrezept kneten. Für die Füllung Haselnüsse, Zucker und Sahne zu einer streichfähigen Masse mischen. Den gegangenen Hefeteig durchkneten und in zwei Teile teilen. Diese jeweils zu einer runden Platte ausrollen. Wie einen Kuchen in je acht Stücke teilen und auf die breite Seite jeweils einen Teelöffel Fülle geben. Die Teigstücke von der Breitseite her aufrollen, so dass ein Hörnchen entsteht. Der Zipfel muss unten liegen. Auf ein mit Backpapier belegtes Blech legen und zugedeckt 15 Minuten gehen lassen. Im vorgeheizten Ofen bei 200 °C 20 Minuten backen. Zutaten für die Glasur verrühren. Auf die heißen Hörnchen streichen. Diese auf einem Gitter auskühlen lassen.

Schneckennudeln

Ergibt ca. 20 Stück

Für den Teig:
500 g Mehl
20 g Hefe
ca. ¼ l Milch
80 g Butter
60 g Zucker
1 Eigelb

Für die Füllung:
1 Eiweiß
60 g Zucker
80 g Rosinen
80 g Haselnüsse, gemahlen
Zimt nach Geschmack

Für die Glasur:
125 g Puderzucker
1 EL Zitronensaft
1–2 EL heißes Wasser

Schneckennudeln

Aus den Zutaten für den Teig einen süßen Hefeteig nach Grundrezept kneten. Den gegangenen Hefeteig zu einem Rechteck ausrollen, mit Eiweiß bestreichen, Rosinen, Zucker, Zimt und Nüsse darauf verteilen. Teig von der Breitseite her aufrollen. Mit einem scharfen Messer 2 cm breite Scheiben abschneiden und auf ein mit Backpapier belegtes Blech legen, Teigstücke etwas flachdrücken und im vorgeheizten Ofen bei 200 °C 20 Minuten backen.

Nach dem Backen noch warm mit Zuckerglasur bestreichen und auf einem Gitter auskühlen lassen.

Rosenkuchen

Teig und Fülle wie bei Schneckennudeln
dazu: 30 g zerlassene Butter

Die aufgerollte Teigplatte in 5 cm breite Scheiben schneiden und dicht aneinander in eine gefettete, runde Springform setzen. Zugedeckt 30 Minuten gehen lassen, die Oberfläche mit zerlassener Butter bestreichen und im vorgeheizten Ofen bei 175 °C 45 Minuten backen. Nach dem Backen noch heiß mit Zuckerglasur bestreichen und auf einem Gitter auskühlen lassen.

> **Tipp**
> Die Schneckennudeln werden etwas knuspriger, wenn Sie sie nach dem Schneiden direkt backen. Größer und weicher werden sie, wenn Sie sie auf dem Blech noch einmal 10 Minuten gehen lassen.

Apfeltaschen
Ergibt 12–16 Stück

Für den Teig:
500 g Mehl
20 g Hefe
ca. ¼ l Milch
80 g Butter
60 g Zucker
1 Ei

Für die Füllung:
2 große Äpfel, geschält und in kleine
   Würfel geschnitten
1 EL Zucker
2 EL Apfelsaft
50 g Rosinen

Zum Bestreichen der Teigränder:
1 Eiweiß

Zum Bestreichen der Oberfläche:
Eiermilch (1 Eigelb, 2 EL Milch)

Aus den Zutaten für den Teig einen süßen Hefeteig nach Grundrezept herstellen. Apfelstücke und Rosinen mischen, in Apfelsaft und Zucker kurz
dünsten. Abkühlen lassen. Den gegangenen Teig aus der Schüssel nehmen,
durchkneten und zu einer rechteckigen Platte ausrollen.

Mit einem runden Ausstecher mit
einem Durchmesser von 12–15 cm
Teigkreise ausstechen, etwas Fülle in
die Mitte legen, den Rand mit Eiweiß
bestreichen und zu Halbmonden zu-
sammenklappen, den Rand festdrü-
cken und auf ein mit Backpapier belegtes Blech legen. 10 Minuten zugedeckt
gehen lassen. Oberfläche mit Eiermilch
bestreichen und im vorgeheizten Ofen
bei 200 °C 20 Minuten backen.

Quarktaschen
Ergibt 12–16 Stück

Für den Teig:
500 g Mehl
20 g Hefe
ca. ¼ l Milch
80 g Butter
60 g Zucker
1 Ei

Für die Füllung:
250 g Magerquark
50 g Zucker
30 g Butter, zerlassen
1 Ei
etwas Zitronenschale, abgerieben

Zum Bestreichen der Teigränder:
Eiweiß

Zum Bestreichen der Oberfläche:
Eiermilch (1 Eigelb, 2 EL Milch)

Zubereitung wie Apfeltaschen. Für die
Füllung: Magerquark, Zucker, Ei, Zitronenabrieb und zerlassene Butter verrühren.

Streuselkuchen
Für den Teig:
250 g Mehl
10 g Hefe
ca. ⅛ l Milch
40 g Butter
40 g Zucker
1 Eigelb

Für die Streusel:
100 g Mehl
100 g Zucker
Zimt nach Geschmack
100 g Butter, zerlassen

Zum Bestreichen des Teiges:
5 EL Marmelade

Für ein rundes Backblech: Aus den Zutaten für den Teig einen süßen Hefeteig nach Grundrezept kneten. Teig gehen lassen. Für die Streusel Mehl, Zucker und evtl. Zimt mischen. Zerlassene Butter zugeben und mit einer Gabel mischen.

Den gegangenen Hefeteig durchkneten und zu einer runden Platte ausrollen. In ein gefettetes Kuchenblech legen. Zugedeckt 20 Minuten gehen lassen. Teigoberfläche mit Marmelade bestreichen und die Streusel darauf verteilen. Im vorgeheizten Ofen bei 200 °C 20–30 Minuten backen.
Variante: Nuss-Streuselkuchen: Zu den Zutaten der Streusel zusätzlich 100 g gemahlene Wal- oder Haselnüsse mischen.

> **Tipp**
> Wenn Sie es weniger süß mögen, können Sie die Teigoberfläche statt mit Marmelade auch mit Eiweiß bestreichen.

Feine Flachswickel
Ergibt 24 Stück

Für den Teig:
250 g Weizenmehl
10 g Hefe
1 Prise Zucker
3 EL Milch
125 g Butter
1 Ei

Zum Ausrollen:
200 g Hagelzucker

Mehl in eine Schüssel geben und in der Mitte eine Vertiefung bilden. Hefe mit Zucker und lauwarmer Milch anrühren und in die Vertiefung geben. Weitere Zutaten dazugeben und Hefemürbteig kneten (siehe auch Grundrezept Seite 26). In 24 Stücke zu je ca. 20 g teilen. Auf Hagelzucker zu Strängen von 20 cm Länge ausrollen, die jeweilige Mitte sollte dabei etwas dicker und die beiden Enden dünner sein. Zu Flachswickeln zusammenschlingen: Teigstrang dabei an beiden Enden aufnehmen und ein- oder zweimal umeinander schlingen wie beim Beginn einer

So wird der Teig auf Zucker ausgerollt …

… und so werden die Flachswickel geformt.

Schleife. Auf einem mit Backpapier belegten Blech im vorgeheizten Ofen bei 200 °C 15–20 Minuten backen.

Gerührter Hefegugelhupf
Für den Hefeteigansatz:
100 g Weizenmehl 405
30 g Hefe
½ TL Zucker
200 ml Milch

Für die Schaummasse:
150 g Butter, weich
100 g Zucker
4 Eigelb
1 ganzes Ei
Zitronenschale, abgerieben
100 g Rosinen (nach Belieben)
400 g Mehl

100 g Mehl in eine Schüssel geben und in der Mitte eine Vertiefung bilden. Hefe mit Zucker und etwas warmer Milch anrühren und in die Vertiefung geben. Zugedeckt 15 Minuten gehen lassen.

Die Butter schaumig rühren, Zucker, Eigelb und ganzes Ei abwechselnd zugeben und zu einer geschmeidigen Masse rühren. Abwechselnd

Tipp

Möchten Sie diesen Gugelhupf als Überraschung zu einem besonderen Frühstück anbieten, können Sie den Teig am Vorabend zubereiten und in die Form geben. Die gefüllte Form in den Kühlschrank stellen. So geht der Teig sehr langsam und Sie können ihn am anderen Morgen ganz frisch ausbacken und haben einen duftenden, ofenfrischen Hefegugelhupf.

400 g Mehl, Milch, Hefemasse, Zitronenabrieb und Rosinen zugeben und zu einem geschmeidigen, nicht zu festen Teig arbeiten.

Den Teig in eine gefettete Gugelhupfform geben und zugedeckt bis zur doppelten Größe gehen lassen.

Im vorgeheizten Ofen bei 175 °C 50–60 Minuten backen. Aus der Form nehmen und auf einem Gitter auskühlen lassen. Mit Puderzucker bestreuen.

↷ *Sonntagskuchen* ↶
Hefezopf und Gugelhopf gab's bei uns nur am Sonntag. Eine Freundin ging, wenn sie hungrig war, immer heim, um sich ein „Gugelhopfgzälzbrot" (also ein Stück Gugelhopf mit Marmelade bestrichen) zu holen. Das sind Erinnerungen, die man sein Lebtag nicht vergisst.
Helga Holzwarth aus Murrhardt

Bienenstich
Für den Teig:
500 g Mehl
1 Würfel Hefe
¼ l Milch, lauwarm
50 g Zucker
100 g Butter
½ TL Salz

Für den Belag:
100 g Butter
100 g Zucker
8 EL Milch
2 EL Honig
100 g Mandelstifte
100 g Mandelblättchen

Für die Füllung:
1 Päckchen Vanillepuddingpulver
½ l Milch

90 g Zucker
8 Blatt Gelatine
4 Becher Sahne (800 ml)

Für ein Backblech: Aus den Zutaten für den Teig einen süßen Hefeteig nach Grundrezept herstellen. Nach dem Gehen ausrollen und auf ein gefettetes Backofenblech legen. Noch einmal 30 Minuten abgedeckt gehen lassen.

Belag herstellen: Butter zerlassen. Zucker, Milch und Honig zugeben und rühren, bis sich der Zucker aufgelöst hat. Mandelstifte und Mandelblättchen zugeben und vermischen. Belag vorsichtig auf dem gut gegangenen Teig verteilen. Im vorgeheizten Ofen bei 180 °C 20–25 Minuten backen. Teig auf einem Gitter auskühlen lassen. In der Mitte horizontal durchschneiden.

Für die Füllung: Vanillepudding kochen. Gelatine in kaltem Wasser einweichen, ausdrücken und in den noch gut warmen Pudding einrühren. Abkühlen lassen, dabei öfter umrühren. Sahne steif schlagen. Wenn der Pudding anfängt zu stocken, die steif geschlagene Sahne unterheben. Die Creme auf den Boden streichen. Die Mandelplatte darauf legen und über Nacht kalt stellen. Am nächsten Tag lässt sich der Bienenstich gut schneiden.

Schnelles für den Überraschungsbesuch

Das Telefon klingelt, die alte Schulfreundin kündigt sich an. Jetzt muss alles flott gehen: Wohnzimmer in Ordnung bringen, Schuhe vor dem Eingang wegräumen, und verwöhnen will man den lieben Gast ja auch. Mit einem frisch gebackenen Kuchen, das wäre was! Jetzt kommt Hektik auf. Doch das muss nicht sein. Diese Rezepte sind allesamt extrem schnell gemacht und verwenden Zutaten, die meist sowieso im Haus sind. Und Sie werden sehen: Die Kuchen schmecken allesamt so lecker, dass Ihre Freundin immer wieder bei Ihnen vorbeischaut.

Biskuitrolle
Für den Teig:
4 Eier
2 EL Wasser, warm
200 g Zucker
200 g Mehl

Für die Füllung:
200 g Erdbeermarmelade
2–3 Bananen
Puderzucker

Aus den Zutaten für den Teig einen Biskuitteig für eine Rolle rühren (Zubereitung siehe Grundrezept Seite 30). Auf ein mit Backpapier belegtes Backofenblech streichen und im gut vorgeheizten Ofen bei 220 °C 12–14 Minuten backen. Teigränder mit einem Messer lösen und die Teigplatte auf ein nebelfeuchtes Küchentuch stürzen. Papier vorsichtig abziehen. Teigplatte mit Hilfe des Tuchs aufrollen und auf ein Gitter legen (Seite 31). Nach 10 Minuten die Teigplatte wieder abrollen, mit Marmelade bestreichen, geschälte Bananen an die untere, lange Seite der Teigplatte legen und aufrollen. Mit Puderzucker bestäuben.
Variante: Zutaten für eine **Sahne-Obst-Rolle**: 2 Becher Sahne, 1 EL Pu-

Schneller geht's nimmer
Diese Biskuitrolle ist so ziemlich der
schnellste Kuchen, den Sie auf den
Tisch bringen können. Alles in allem
kann die gefüllte Rolle nämlich schon
nach einer knappen Dreiviertelstunde
auf der Kaffeetafel prangen. Das liegt
an dem schnell gerührten Teig und vor
allem an der kurzen Backzeit. Außerdem müssen Sie die Rolle ja gar nicht
komplett auskühlen lassen, wenn Sie
sie „nur" mit Marmelade und Früchten
füllen.

derzucker, weiches Obst (zum Beispiel
Erdbeeren, Himbeeren oder Mandari-
nen aus der Dose, abgetropft. Zubereitung: Teigplatte aufgerollt auf einem
Gitter gut auskühlen lassen. Sahne
steif schlagen und mit dem Puderzucker süßen. Sahne auf der Teigplatte
gleichmäßig verteilen, dabei oben einen Rand von 5 cm frei lassen. Das
Obst gleichmäßig auf der Sahne verteilen. Die Teigplatte mit Hilfe des Tuchs
aufrollen. Mit Puderzucker bestäuben.

Ananastörtchen
Ergibt ca. 10–12 Stück

Für den Teig:
4 Eier
2 EL Wasser, warm
200 g Zucker
200 g Mehl

Für den Belag:
1–2 Dosen Ananas

Zum Verzieren:
1 Becher Sahne
1 EL Puderzucker

Aus den Zutaten für den Teig einen
Biskuitteig für eine Rolle nach Grundrezept herstellen. Ananasdosen öffnen
und Obstscheiben gut abtropfen lassen. Dose nicht wegwerfen.

Biskuit backen und auf ein leicht
feuchtes Tuch stürzen. Das Papier abziehen. Teigplatte nicht aufrollen.
Sahne steif schlagen und mit Puderzucker süßen.

Aus der gebackenen Teigplatte mit
Hilfe der Dose runde Teigplätzchen
ausstechen. Mit etwas Sahne bestreichen und mit einer Ananasscheibe
belegen. In der Mitte mit einem Sahnetupfer verzieren. Sehr dekorativ ist
es mit einer roten Beere oder Kirsche
als Verzierung auf dem Sahnetupfer.

Tipp
Die Teigreste, die beim Ausstechen übrig bleiben, können Sie einfrieren und für eine Rum-
bombe oder einen Nachtisch
verwenden.

Amerikanerle
Ergibt je nach Größe 20–24 Stück

Für den Teig:
200 g Butter, weich
200 g Zucker
2 Päckchen Vanillezucker
4 Eier
1 Prise Salz
1 Päckchen Sahnepuddingpulver
1 Päckchen Mandelpuddingpulver
6 EL Milch
500 g Mehl
1 Päckchen Backpulver
Milch zum Bestreichen

Für die helle Zuckerglasur:
150 g Puderzucker
3 EL heißes Wasser

Für die dunkle Zuckerglasur:
150 g Puderzucker
2 EL Kakao
2–3 EL heißes Wasser

Rührteig herstellen: Butter schaumig rühren, Zucker, Vanillezucker und Eier zugeben und gut verrühren. Puddingpulver zugeben, Mehl mit Backpulver mischen und abwechselnd mit der Milch zugeben. Mit zwei Esslöffeln Häufchen auf das Backpapier setzten und im vorgeheizten Ofen bei 200 °C 15–20 Minuten backen. Nach 10–15 Minuten Backzeit die Oberfläche mit Milch bepinseln. Teigstücke auf einem Gitter abkühlen lassen.

Die Glasuren aus Puderzucker und Wasser beziehungsweise aus Puderzucker, Kakao und Wasser herstellen. Unterseite der Gebäckstücke jeweils zur Hälfte mit weißer und dunkler Glasur bestreichen. Dies geht am besten mit einem Messer.

Kleine Obstkuchen in Folie
Ergibt je nach Größe der Aluformen 25–30 Stück

Für den Teig:
250 g Butter, weich
250 g Zucker
1 Päckchen Vanillezucker
Zitronenschale, abgerieben
5 Eier
500 g Mehl
1 Päckchen Backpulver
⅛–¼ l Milch

Die kleinen Obstkuchen erinnern an Muffins.

Für die Füllung:
weiches Obst (Aprikosen, Kirschen oder
Himbeeren)

Zum Backen:
Alufolie

Alufolie in Quadrate von 12 × 12 cm
schneiden und jeweils über einem
Trinkglasboden zu einem Backförm-
chen formen und auf ein Backblech
stellen.

Rührteig herstellen. Dazu Butter
schaumig rühren, Zucker, Vanillezucker, Zitronenschale und Eier zugeben,
Mehl mit Backpulver mischen und abwechselnd mit der Milch zum Teig geben.

Jeweils 1 EL Teig in ein Förmchen
füllen, mit beliebigem Obst belegen
und mit 1 EL Teig abdecken. Im vorgeheizten Ofen bei 200 °C 20–30 Minuten backen.

Mini-Kuchen
Das Besondere an diesen kleinen Kuchen ist ihr gerader, glatter Rand, der
sie tatsächlich aussehen lässt wie
kleine Kuchen und so zu einem Hingu-
cker auf jedem Kuchenbuffet macht.
Deswegen lohnt es sich auch, extra
Förmchen dafür zu basteln. Aber keine
Angst, wenn Sie den Dreh einmal raus
haben, geht das ganz schnell. Sie müssen die Alufolie vor dem Befüllen auch
nicht extra einfetten. Sie lässt sich
nach dem Backen gut abziehen. Sie
können die Törtchen natürlich auch in
Muffinsformen backen, aber dann haben Sie eben keine kleinen Kuchen,
sondern Muffins.

Strudel

Ein Strudel ist eine wunderbare, gebackene Nachspeise, die sich gut vorbereiten lässt. Ihre Gäste und Ihre Familie werden das bald zu schätzen
wissen! Denn der saftige Strudel mit
seiner knusprigen Hülle schmeckt wunderbar. Dazu Vanillesoße oder Vanille-
eis reichen. Es gibt kaum Köstlicheres!
Hier finden Sie klassische Rezepte für
süße Strudel. Doch der Strudelteig ist
grundsätzlich neutral. Auch bei herzhaften Füllungen sind Ihrer Kreativität
keine Grenzen gesetzt.

Quarkstrudel
Für den Teig:
250 g Weizenmehl 405
Salz
1–2 EL Öl oder
20 g Butter, zerlassen
1 Ei
bis ⅛ l Wasser, lauwarm

Zum Bestreichen:
Öl oder Butter, zerlassen

Für den Belag:
30 g Butter
200 g Zucker
4 Eigelb
etwas Zitronenschale, abgerieben
1 kg Quark
4 EL Sahne
60 g Rosinen
4 Eiweiß

Zum Bestreichen:
50 g Butter

Aus den Zutaten für den Teig einen
Strudelteig nach Grundrezept (Seite 28)

bereiten. Für die Füllung: Butter mit Zucker und Eigelb schaumig rühren. Quark, Rosinen und Zitronenschale zugeben. Eiweiß steif schlagen und unterheben.

Strudelteig ausziehen und mit zerlassener Butter bestreichen. Quarkmasse auf dem Teig verteilen, dabei die Seitenränder ca. 3 cm frei lassen. Diese einschlagen, mit Butter betupfen und mit Hilfe des Tuchs locker aufrollen.

Strudel so in eine gebutterte Form gleiten lassen, dass der Teigrand unten liegt. Mit zerlassener Butter bestreichen und im vorgeheizten Ofen bei 200 °C 45–60 Minuten backen. Strudel vor dem Anrichten ruhen lassen.

> *Tipp*
> Möchten Sie einen besonders saftigen Strudel haben, gießen Sie nach der halben Backzeit ¼ l kochende Milch darüber. Backen Sie den Strudel dann so lange weiter, bis die Milch aufgesogen ist.

Kirschenstrudel
Ergibt 2 Strudel

Für den Teig:
250 g Weizenmehl 405
Salz
1–2 EL Öl oder
20 g Butter, zerlassen
1 Ei
bis ⅛ l Wasser, lauwarm

Zum Bestreichen:
Butter, zerlassen

Für den Belag:
1–1½ kg Kirschen

60 g Semmelbrösel
30 g Butter
125 g Zucker
50 g Haselnüsse, gemahlen

Zum Bestreichen:
30 g Butter

Aus den Zutaten für den Teig (Seite 28) einen Strudelteig nach Grundrezept herstellen. In zwei Portionen teilen und zwei Strudel daraus machen. Teig jeweils ausziehen und mit zerlassener Butter bestreichen.

Für die Füllung: Semmelbrösel in Butter anrösten und auf dem Strudelteig verteilen, ebenso die Haselnüsse. Kirschen waschen und entsteinen. Obst auf dem Teig verteilen, dabei einen Rand frei lassen, den Zucker darüber streuen, Seitenränder einschlagen, mit Butter bestreichen. Strudel mit Hilfe des Tuchs locker aufrollen und auf ein gefettetes Blech gleiten lassen, dabei darauf achten, dass die Teigkante unten liegt. Mit zerlassener Butter bestreichen und im vorgeheizten Ofen bei 200 °C 45–60 Minuten backen. Strudel vor dem Anrichten ruhen lassen.
Variante: Für einen **Zwetschgenstrudel** Kirschen durch geviertelte Zwetschgen ersetzen.

> *Tipp*
> Kirschen- und Zwetschgenstrudel werden in der Regel nicht so groß wie Apfelstrudel gemacht. Deshalb ist es besser, den Teig gleich nach dem Kneten in zwei Portionen zu teilen.

Apfelstrudel

Apfelstrudel

Für den Teig:
250 g Weizenmehl 405
Salz
1–2 EL Öl oder
20 g Butter, zerlassen
1 Ei
bis ⅛ l Wasser, lauwarm

Zum Bestreichen:
Öl oder Butter, zerlassen

Für den Belag:
2 kg säuerliche Äpfel, geschält und fein-
   blättrig geschnitten
50 g Rosinen
50 g Haselnüsse, gemahlen
50–100 g Zucker, nach Bedarf
Zitronenschale, abgerieben
Semmelbrösel
40 g Butter, zum Anrösten

Zum Bestreichen:
50 g Butter, zerlassen

Aus den Zutaten für den Teig einen Strudelteig nach Grundrezept herstellen (Seite 28), Teig auf einem leicht bemehlten Küchentuch erst etwas auswellen, dann über den Handrücken, zum Schluss vorsichtig mit den Fingerspitzen ausziehen, evtl. dicke Ränder abschneiden und mit Öl oder zerlassener Butter bestreichen. Semmelbrösel in Butter anrösten und auf dem Teig verteilen.

Äpfel mit Zucker, Haselnüssen, Rosinen und abgeriebener Zitronenschale mischen und die Masse auf dem mit Semmelbrösel bestreuten Teig verteilen, dabei am Rand 2–3 cm frei lassen. Die seitlichen Ränder einschlagen und den Strudel mit Hilfe des Küchentuchs aufrollen.

Die Fettpfanne des Backofens gut einfetten und den Strudel so darauf gleiten lassen, dass der Teigrand unten liegt. Die Teigoberfläche vorsichtig mit zerlassener Butter bestreichen und im vorgeheizten Ofen bei 200 °C 30–40 Minuten backen. Den Strudel nach dem Backen etwas stehen lassen, denn dann läuft der Saft nicht so aus.

Sonntagskuchen

Sonntagnachmittag auf dem Land: Alles kommt zur Ruhe. Bevor wieder der arbeitsame Alltag losgeht, wird noch einmal gemeinsam Kraft geschöpft. Die Kinder erinnern sich auch später noch mit Dankbarkeit und Freude an diese gemeinsamen Stunden um den Kaffeetisch und ganz besonders an die leckeren Kuchen.

Dieses ganz spezielle Sonntagsgefühl können auch Sie wecken: Mit den Rezepten aus diesem Kapitel gelingt Ihnen das ganz leicht. Wenn Sie regelmäßig backen, müssen Sie außerdem darauf gefasst sein, dass am Montagnachmittag Ihre Nachbarin immer mal wieder vorbeischaut in der heimlichen Hoffnung auf ein Stück „Montagskuchen", auf ein Stück Kuchen nämlich, das bei Ihnen sonntags übrig geblieben ist.

Sauerkirschkuchen mit Streuseln und Sahne

Für den Teig:
250 g Mehl
125 g Butter
65 g Zucker
1 Ei
1 EL Sauerrahm

Für den Belag:
2 Gläser Sauerkirschen à 400 g Abtropf-
  gewicht
¼–½ l Saft
40 g Stärkemehl
2 EL Zucker

Für die Streusel:
80 g Mehl
80 g Zucker
80 g Haselnüsse, gemahlen
80 g Butter, zerlassen

Zur Dekoration:
2 Becher Sahne
2 TL Puderzucker
Schokostreusel oder Kakao

Für einen runden Kuchen von 28 oder 30 cm Durchmesser: Aus den Zutaten für den Teig einen Mürbteig nach Grundrezept herstellen (Seite 28), 1 Stunde kalt stellen. Für den Belag: Kirschen abtropfen lassen. Saft aufkochen und mit Stärkemehl andicken, süßen, Kirschen dazugeben und erkalten lassen. Streusel bereiten: Mehl, Zucker und Nüsse mischen. Zerlassene Butter mit einer Gabel unterziehen.

Teig ausrollen und eine gefettete Springform damit auslegen. Kirschmasse auf dem Boden verteilen. Streusel darauf geben. Im vorgeheizten Ofen bei 175 °C 50 Minuten backen. Kuchen erkalten lassen und aus der Form nehmen.

Zur Dekoration: Sahne steif schlagen und mit Puderzucker süßen. Sahne auf dem Kuchen verteilen und mit Schokostreuseln verzieren oder mit Kakao besieben.

Glasierter Apfelkuchen

Für den Teig:
250 g Butter, weich
200 g Zucker

Sauerkirschkuchen mit Streuseln und Sahne

> **Tipp**
> Für diesen Kuchen eignen sich auch bereits länger gelagerte Äpfel ganz hervorragend. Die alten, mürben Äpfel nehmen die Marinade sehr gut an und bekommen durch Zucker und Zitronensaft einen ganz besonderen Geschmack. Das gilt auch für den „Beschwipsten Apfelkuchen".

1 Päckchen Vanillezucker
5 Eier
250 g Weizenmehl 405
2 gestrichene TL Backpulver

Für den Belag:
1 kg Äpfel
2 EL Zucker
2 EL Zitronensaft

Zum Bestreichen:
2 EL Aprikosenmarmelade

Für die Glasur:
80 g Puderzucker
1 EL Zitronensaft
1 EL heißes Wasser

Vorbereitung: Äpfel schälen, vierteln, achteln und in Scheiben schneiden. Mit 2 EL Zucker und Zitronensaft marinieren und 2 Stunden durchziehen lassen.

Rührteig herstellen. Dafür Butter schaumig rühren, Zucker, Vanillezucker und Eier abwechselnd zugeben. Mehl mit Backpulver mischen und löffelweise zugeben. Drei Viertel des Teiges in eine gefettete Springform mit Durchmesser von 26 bzw. 28 cm füllen und glattstreichen. Äpfel darauf verteilen. Restlichen Teig über die Äpfel streichen. (Das geht am besten mit einem Messer, das man immer wieder in kaltes Wasser taucht, damit der Teig nicht kleben bleibt.) Bei 175 °C bei Ober- und Unterhitze im vorgeheizten Ofen auf der untersten Schiene 60 Minuten backen. Kuchen 15 Minuten abkühlen lassen, aus der Form nehmen. Noch heiß mit der glatt gerührten Aprikosenmarmelade bestreichen und mit Puderzuckerglasur glasieren.

Beschwipster Apfelkuchen

Für den Teig:
250 g Mehl
125 g Butter
65 g Zucker
1 Ei
1 EL Sauerrahm

Für den Belag:
1 kg Äpfel (sehr gut sind säuerliche Äpfel wie Boskoop)
½ l Weißwein
¼ l Apfelsaft
2 Päckchen Vanillepuddingpulver
50 g Zucker

Zur Dekoration:
2 Becher Sahne
1 EL Puderzucker
Eierlikör

Äpfel schälen und grob raspeln. Einen Pudding aus Weißwein und Apfelsaft kochen, die geraspelten Äpfel in den heißen Pudding geben, abkühlen lassen.

Aus den Zutaten für den Teig einen süßen Mürbteig nach Grundrezept herstellen. Eine gefettete Springform damit auslegen, die Apfelmasse hineingeben und im vorgeheizten Ofen bei 175 °C 50 Minuten backen. Kuchen gut auskühlen lassen.

Zur Dekoration: 2 Becher Sahne steif schlagen und mit Puderzucker süßen. Auf den kalten Kuchen streichen. Sahne mit einer dünnen Schicht Eierlikör abdecken.

Tipp

Wenn Kinder mitessen, sollten Sie den Kuchen nur mit Apfelsaft herstellen.

Käsekuchen

Für den Teig:

250 g Mehl
125 g Butter
65 g Zucker
1 Ei
1 EL Sauerrahm

Für die Quarkmasse:

6 Eigelb
200 g Zucker
750 g Quark
1 Becher Joghurt
1 Becher Schmand
1 EL Zitronensaft
½ l Milch
100 g Mehl
2 EL Sahnepuddingpulver
6 Eiweiß

Für die Quarkmasse: Eigelb mit Zucker dick schaumig rühren. Quark dazugeben und gut verrühren. Joghurt, Sahne und Milch unterheben. Eiweiß steif schlagen und auf die Quarkmasse geben. Mehl mit Puddingpulver in ein Sieb geben und auf den Eischnee sieben. Vorsichtig mit einem Schneebesen unterziehen.

Aus den Zutaten für den Teig einen süßen Mürbteig nach Grundrezept (Seite 28) herstellen, Teig ausrollen und eine gefettete Springform auslegen. Quarkmasse einfüllen und im vorgeheizten Ofen bei 175 °C 15 Minuten backen. Mit einem scharfen Messer die Quarkmasse vom Teigrand lösen, damit der Dampf entweichen kann und die Oberfläche nicht einreißt. Die Quarkmasse kann dann ungehindert hochsteigen. Kuchen weitere 50 Minuten bei 175 °C backen. Im Backofen noch ½ Stunde stehen lassen.

Omas Träubleskuchen

Für den Teig:

250 g Mehl
125 g Butter
65 g Zucker
1 Ei
1 EL Sauerrahm

Für den Belag:

8 Eiweiß
300 g Zucker
150 g Haselnüsse, gemahlen
750 g rote „Träuble" (Johannisbeeren)

Aus den Zutaten für den Teig einen süßen Mürbteig nach Grundrezept (Seite 28) herstellen. Ausrollen und eine gefettete Springform damit auslegen. Eiweiß steif schlagen, Zucker zugeben und dick glänzend schlagen. 5 EL des Eischnees für die oberste Schicht beiseite stellen.

Träuble und Haselnüsse unter die restliche Masse heben und auf den Teigboden geben. Restlichen Eischnee darüber streichen. Auf der untersten Schiene des vorgeheizten Backofens erst 30 Minuten bei 175 °C, dann weitere 40 Minuten bei 160 °C backen.

Kleine Träubleskuchen

Aus dem vorstehenden Rezept lassen sich auch wunderbare kleine Träubleskuchen herstellen. Dazu 6 Tartelettförmchen einfetten und mit Mürbteig auslegen (das Grundrezept reicht für 6 Förmchen, für den Belag reicht die Hälfte der Masse). Den Belag auf den Förmchen verteilen, mit dem Baiserguß bestreichen und bei 175 °C ca. 20–30 Minuten backen. Der Baiserguß kann auch weggelassen werden, dann

Omas Träubleskuchen

reichen 3 Eiweiß und 120 g Zucker für den Belag aus.

Träubleskuchen mit Quark

Für den Teig:
250 g Mehl
125 g Butter
65 g Zucker
1 Ei
1 EL Sauerrahm

Für den Belag:
500 g Quark
180 g Zucker
3 Eier
20 g Butter, zerlassen
50 g Stärkemehl
1 Päckchen Vanillezucker
750 g rote Träuble (Johannisbeeren)

Für die Baiserhaube:
3 Eiweiß
150 g Puderzucker

Aus den Zutaten für den Teig einen süßen Mürbteig nach Grundrezept (Seite 28) herstellen. Eine gefettete Springform damit auslegen. Quark, Zucker, Eier, zerlassene Butter, Vanillezucker und Stärkemehl verrühren. Träuble unterheben und auf den Mürbteig geben, glattstreichen und im vorgeheizten Ofen bei 175 °C 40 Minuten backen.

Für die Baisermasse: Eiweiß steif schlagen, Puderzucker zugeben und dick schaumig schlagen. Diese Masse nach 40 Minuten Backzeit auf die Kuchenoberfläche streichen und weitere 30 Minuten bei 150 °C fertig backen.

Variante: Statt Träuble schmecken auch Heidelbeeren oder Rhabarber lecker.

Rhabarberkuchen mit Quarkguss

Für den Teig:
250 g Mehl
125 g Butter
65 g Zucker
1 Ei
1 EL Sauerrahm

Für den Belag:
1 kg Rhabarber

Für den Guss:
3 Eigelb
200 g Zucker
250 g Quark
⅛ l Milch
3 Eiweiß
50 g Mehl

Aus den Zutaten für den Teig einen süßen Mürbteig nach Grundrezept (Seite
28) herstellen, gefettete Springform
auslegen. Geputzten und geschnittenen Rhabarber darauf verteilen.

Für den Guss: Eigelb mit Zucker
schaumig rühren, Quark und Milch unterheben. Eiweiß steif schlagen und
auf die Quarkmasse geben. Mehl darüber sieben und unterheben. Guss auf
dem Rhabarber verteilen und im vorgeheizten Ofen bei 175 °C 60 Minuten
backen. Kuchen in der Form 30 Minuten abkühlen lassen. Aus der Form
nehmen und auf einem Gitter erkalten
lassen.

Birnenkuchen

Für den Teig:
250 g Mehl
125 g Butter
65 g Zucker
1 Ei
1 EL Sauerrahm

Säure macht haltbar

Ein Bauerngarten ist ohne Blumen, aber
auch ohne Rhabarber nicht zu denken.
Die imposanten Pflanzen mit den aus-
ladenden Blättern wachsen in einer ru-
higen Ecke, die sie schnell auch komplett in Beschlag nehmen, und ergeben
ein leckeres Kompott oder eine frische
Auflage für Obstkuchen. Rhabarber-
Liebhaber bedauern, dass die Saison
für die dicken Stängel nur kurz ist. Deshalb verrate ich Ihnen hier zwei Tricks,
wie Sie Rhabarber ganz einfach haltbar
machen können:
- Schichten Sie den geputzten, in Stücke geschnittenen Rhabarber in ein
Glas mit Schraubverschluss. Befüllen
Sie dann das Glas bis zum Rand mit
kaltem Wasser. Es darf keine Luft
mehr im Glas sein. Gut verschlossen
ist der Rhabarber durch seinen Säu-
regehalt ein Jahr haltbar.
- Er lässt sich auch gut einfrieren.

Für den Belag:
2 Dosen Williams Christ-Birnen

Für den Guss:
500 g Quark
150 g Zucker
1 Ei
2 Eigelb
1 Päckchen Vanillepuddingpulver
1 Päckchen Vanillezucker
1 EL Zitronensaft
⅛ l Sonnenblumenöl
½ l Milch

Für die Baisermasse:
2 Eiweiß
60 g Puderzucker

Aus den Zutaten für den Teig einen süßen Mürbteig nach Grundrezept (Seite 28) herstellen. Eine gefettete Springform damit auslegen. Gut abgetropfte Birnen auf dem Teig verteilen.

Quark mit Zucker, Ei, Eigelb, Vanillepuddingpulver, Vanillezucker und Zitronensaft verrühren. Öl und Milch zugeben und auf die Birnen gießen. Im vorgeheizten Ofen bei 175 °C 50 Minuten backen.

Inzwischen Eiweiß steif schlagen, Puderzucker zugeben und dick schaumig schlagen. Baisermasse auf den Kuchen streichen und weitere 15–20 Minuten bei 160 °C backen.

Kuchen in der Form mindestens 60 Minuten abkühlen lassen.

Donauwellen

Für den Teig:
250 g Butter, weich
250 g Zucker
7 Eier
350 g Mehl
1 Päckchen Backpulver
3 EL Milch
2 EL Kakao

Für den Belag:
2 Gläser Sauerkirschen

Für den Belag nach dem Backen:
2 Becher Sahne (400 ml)
2 Päckchen Sahnesteif
2 Päckchen Vanillezucker

Für die Schokoladenglasur:
200 g Halbbitterschokolade
40 g Palmin

Rührteig herstellen: Butter schaumig rühren, Zucker und Eier abwechselnd zugeben und eine schöne Schaummasse rühren. Mehl mit Backpulver sieben und löffelweise zugeben. Gut die Hälfte des Teigs auf ein mit Backpapier ausgelegtes rechteckiges Backofenblech (Fettpfanne) streichen. Die andere Hälfte des Teigs mit Kakao und 3 EL Milch mischen und auf den hellen Teig streichen. Die Sauerkirschen gut abtropfen lassen und auf dem Teig verteilen. Im vorgeheizten Ofen bei 175 °C 45 Minuten backen. Sahne steif schlagen, süßen und Sahnesteif zugeben.

Kuchen nach dem Auskühlen mit der steif geschlagenen Sahne bestreichen, kalt stellen.

Schokolade mit Palmin zerlassen, etwas abkühlen lassen und gleichmäßig über der Sahne verteilen.

Donauwellen

Feines für Festtage

Schon Tage vor den Festen herrscht in der Küche Hochbetrieb. Wenn die ganze Familie zusammenkommt, dann wird fröhlich gefeiert und geschmaust. Selbstgebackenes darf dabei natürlich nicht fehlen. Und weil Landfrauen meist gerne und gut backen, scheuen sie für Festtage keine Mühen. Seien es aufwändige Torten für die Geburtstagsfeiern, feine Plätzchen für Weihnachten, frisches Hefegebäck zum Osterfrühstück: Was die Küchen und Backöfen der Landfrauen verlässt, macht die Festtage erst zu etwas ganz Besonderem.

☞ *Schön der Reihe nach* ☜
Vor den Festtagen (Ostern, Kirbe, Weihnachten) wollte jeder im Backhaus backen. Damit es keinen Streit gab, wer zu welchem Zeitpunkt an der Reihe war, wurden Lose gezogen. Die meisten wollten lieber am Nachmittag backen als am frühen Morgen, denn am Nachmittag brauchte man deutlich weniger Holz – was den geizigen Schwaben sehr recht war.
Angelika Berg-Steiniger aus Waldachtal-Cresbach

Torten

Eine Landfrauentorte ist ein Erlebnis, an das Sie noch tagelang zurückdenken können und das für Gesprächsstoff

unter all den Glücklichen sorgt, die sie genießen durften. Welche Zutaten wurden gebraucht, welche unterschiedlichen Böden, Füllungen, Auflagen verwendet? Hier verrate ich Ihnen ein paar klassische und ein paar weniger bekannte Rezepte. Ihre Familie wird begeistert sein. Versprochen!

Gewusst wie
Zum Herstellen einer Torte, brauchen Sie bestimmte Arbeitsmaterialen. Hier sind die wichtigsten:
- Sie können Ihre Torte in einer **Springform mit geradem Rand** backen oder in einem Tortenring.
- **Tortenringe** sind für die Herstellung einer Torte unverzichtbar. Es gibt sie in unterschiedlichen Höhen und mit verstellbarem Durchmesser. Sie können sie auf verschiedene Weisen benutzen. Zum einen können Sie den Teig für die Torte in dem Ring backen. Dazu müssen Sie den Ring auf ein mit Papier belegtes Springblech oder auf ein rundes Blech mit festem Rand stellen. Sie füllen den Biskuitteig dann zum Backen in den Ring. Den fertigen Teig können Sie aus dem Tortenring leicht herausschneiden, wenn Sie nach dem Erkalten mit einem scharfen Messer zwischen Ring und gebackenem Teig entlangfahren. Zum anderen können Sie den Ring auch brauchen, wenn Sie auf den

gebackenen Boden eine Quark- oder Sahnemasse auftragen wollen. Sie lassen dabei Boden und Masse so lange umspannt, bis letztere fest geworden ist. (Beispiel: Himbeer-Sahne-Torte). Selbst bei einem verhältnismäßig einfachen Obstkuchen hilft Ihnen der Tortenring: Sie spannen den Ring um den Boden, bevor Sie den Tortenguss auftragen Wenn Sie den Guss dann einfüllen, läuft er nicht auf die Platte. Nach dem Erkalten lösen Sie den Ring dann wieder.

- Ein **Tortenmesser** leistet ebenfalls unverzichtbare Dienste. Dieses lange, breite Messer, das auf der einen Seite der Schneide glatt ist und auf der anderen fein gezackt, hilft Ihnen, wenn Sie die Böden waagrecht durchschneiden wollen. Das geht vor allem deshalb gut, weil die Schneide länger ist als der Durchmesser des Tortenbodens. Außerdem können Sie mit der glatten Schneide die Tortenoberfläche wunderbar glatt streichen und die Einteilung in Stücke vornehmen.
- Ein **Tortenteiler** sorgt dafür, dass Sie exakt gleich große Stücke einteilen – das sollten Sie bei jeder Torte schon vor dem Verzieren machen. In der Regel teilt man eine Torte von 28 cm Durchmesser in 16 Stücke ein.
- Ein **Spritzbeutel** mit unterschiedlichen Tüllen, rund und gezackt, hilft Ihnen beim Garnieren der Torte.
- **Lochscheiben** sind große, dünne Metallplatten. Auf diesen runden Scheiben können Sie die Torte gut bearbeiten, sie füllen und verzieren. Später kann sie von hier aus leicht

Die wichtigsten Utensilien: Blech mit Tortenring, Tortenmesser, Spritzbeutel und Lochscheibe.

auf die Tortenplatte gleiten. Ihren Namen hat die Lochscheibe von einem kleinen Loch an der Seite, an dem sie aufgehängt wird.

Ohne Füllung kein Genuss

Es ist die Füllung, die die Torte vom Kuchen unterscheidet. Hier ein paar Tricks, damit es beim Füllen keine Panne gibt.

- Knapp die Hälfte der **Füllung** wird auf die Tortenböden verteilt und eben gestrichen. So erhalten Sie eine schöne, gleichmäßige Form.
- Die restliche Füllung benötigen Sie für Oberfläche und den Rand sowie zur Garnitur.
- Für **Sahnetuffs** benötigen Sie je nach Größe 4–5 EL geschlagene Sahne.

– Die **Garnitur** sollte immer geschmacklich und farblich mit der Torte harmonieren. Deshalb garnieren Sie eine Himbeertorte mit Himbeeren, eine Schwarzwälder mit Kirschen, eine Schokotorte mit Schokoblättchen. Früher wurde die Oberfläche einer Torte sehr üppig garniert. Diese Garnitur wurde beim Schneiden der Torte aber immer zerstört. Deshalb garniert man heute die Tortenstücke nur am äußeren Rand und am besten so, dass der Schnitt die Garnitur nicht trifft. Deswegen: Immer erst die Tortenstücke einteilen und dann erst garnieren. Die Mitte der Torte bleibt frei.

Schwarzwälder Kirschtorte

Für den Teig:
6 Eier
3 EL Wasser, warm
240 g Zucker
150 g Weizenmehl 405
60 g Stärkemehl
30 g Kakao
1 gestrichener TL Backpulver

Für die Füllung:
800 ml Sahne (4 Becher)
2 EL Puderzucker
3 EL Kirschwasser
1 Glas Sauerkirschen (860 ml)
30 g Stärkemehl
Kirschwasser zum Tränken der Böden

Für die Garnitur:
Sauerkirschen, halbiert, je nach Anzahl
    der Tortenstücke
Schokostreusel oder Raspelschokolade

Aus den Zutaten für den Teig einen dunklen Biskuitboden nach Grundrezept (Seite 30) herstellen. Zwei Mal durchschneiden, sodass drei dünne Böden entstehen. Diese mit verdünntem Kirschwasser tränken.

Kirschen abtropfen lassen, Saft auffangen, aufkochen und mit dem Stärkemehl andicken.

Acht schöne Kirschen zum Verzieren beiseite legen und in etwas Kirschwasser einlegen. Die restlichen Kirschen unter den angedickten Saft heben, diesen mit 1 EL Kirschwasser und evtl. Zucker abschmecken. Abkühlen lassen.

Sahne steif schlagen, 2 EL Kirschwasser und 2 EL Puderzucker dazugeben.

Abgekühlte Kirschmasse auf den untersten Boden geben, dabei außen einen Rand von 2 cm frei lassen. Die Kirschmasse mit einem Viertel der Sahne abdecken, dabei den freigelassenen Rand mit Sahne auffüllen. Zweiten Boden darauf legen und leicht andrücken. Ein weiteres Viertel der Sahne auf den zweiten Boden streichen. Dritten Boden als Deckel auflegen, dabei beachten, dass alle Böden exakt übereinander liegen. 5 EL der Sahne in einen Spritzbeutel füllen und kalt stellen. Mit der restlichen Sahne die Oberfläche und den Rand der Torte bestreichen und mit 16 Sahnetuffs garnieren. Die beiseite gestellten 8 Kirschen halbieren, auf Küchenkrepp gut abtropfen lassen und auf die Sahnetuffs setzen. Mit Schokostreuseln oder Raspelschokolade verzieren.

Schwarzwälder Kirschtorte

Tipp

Damit Sie die Böden wieder exakt aufeinandersetzen können, sollten Sie vor dem Durchschneiden mit Puderzucker einen senkrechten Streifen am Tortenrand anbringen. Diese Markierung zeigt Ihnen dann die Stelle, auf der die Böden nach dem Zusammensetzen wieder zusammentreffen müssen.

Schoko-Sahne-Torte

Für den Teig:
6 Eier
2 EL Wasser, warm
240 g Zucker
180 g Mehl 405
60 g Stärkemehl

Für die Füllung:
4 Becher Sahne (800 g)
4 EL Schokoladenpulver
4 EL Johannisbeergelee

Für die Garnitur:
Schokodekor
Schokoladenpulver

Aus den Zutaten für den Teig einen hellen Biskuit nach Grundrezept (Seite 30) herstellen. Boden zwei Mal durchschneiden. Sahne steif schlagen, dann das Schokoladenpulver kurz unterschlagen. Den untersten Boden mit Johannisbeergelee bestreichen, mit einem Viertel der Schokosahne füllen. Den zweiten Boden exakt darauf legen, weiteres Viertel der Sahne darauf streichen. Deckel auflegen, etwas andrücken. 4 EL der Sahne in einen Spritzbeutel füllen und kalt stellen. Oberfläche und Rand mit der restlichen Sahne bestreichen, 16 Stücke einteilen, mit Sahne verzieren und mit Schokodekor und Schokoladenpulver dekorieren.

Tipp

Die Oberseite des Torten-bodens gibt immer den Boden der Torte. Die Unterseite, die auf dem Blech liegt, ist immer glatt und eignet sich daher wunderbar als Deckel.

Nusstorte

Für den Teig:
250 g Butter, weich
200 g Zucker
8 Eigelb
2 EL Rum
125 g Haselnüsse, gemahlen
150 g Mehl
½ Päckchen Backpulver
8 Eiweiß
50 g Zucker

Für die Füllung:
¼ l Milch
25 g Stärkemehl
20 g Zucker
250 g Butter
3 Eigelb
150 g Nuss-Nougat-Creme

Zum Verzieren:
16 Haselnüsse

Butter gut schaumig rühren, dann Eigelb und Zucker zugeben und eine schöne Schaummasse rühren. Rum und gemahlene Nüsse unterheben. Eiweiß steif schlagen, 50 g Zucker zugeben und dick glänzend schlagen. Eischnee auf die Schaummasse geben, das Mehl mit Backpulver mischen und darüber sieben. Alles vorsichtig unterheben.

Teig in eine vorbereitete Tortenform füllen und im vorgeheizten Ofen bei 170 °C 60 Minuten backen. Gut auskühlen lassen und zwei Mal durchschneiden.

Für die Füllung einen Pudding aus Milch, Stärkemehl und Zucker kochen, zugedeckt im kalten Wasserbad abkühlen lassen, dabei immer wieder durchrühren. Butter schaumig rühren, Eigelb und Nougatmasse zugeben. Den abgekühlten Pudding löffelweise zugeben.

Die Torte mit der Creme füllen, Oberfläche und Rand bestreichen, mit Creme und Nüssen verzieren.
Variante: Für eine **Mandeltorte** ersetzen Sie die Nüsse durch Mandeln. Das macht die Torte noch feiner.

Schachbrett-Torte

Für den Teig:
6 Eier
2 EL Wasser, warm
240 g Zucker
150 g Mehl
60 g Stärkemehl
30 g Kakao
1 gestrichener TL Backpulver

Für die Füllung:
750 g Quark
150 g Zucker
1 Zitrone
1 Orange
4 EL Orangenlikör
10 Blatt Gelatine
600 ml Sahne

Für die Oberfläche, den Rand und die Verzierung:
250 ml Sahne
1 EL Puderzucker
Orangenstückchen, kandiert
Pistazien, gehackt

Schachbrett-Torte

Aus den Zutaten für den Teig einen dunklen Biskuitboden nach Grundrezept herstellen. Tortenboden zwei Mal durchschneiden. Einen Boden ganz lassen. Die beiden anderen Böden aufeinander legen und in 2 cm breite Ringe schneiden. Sie erhalten dann jeweils vier Ringe und den Kreis aus der Mitte.

Gelatine in kaltem Wasser einweichen. Orange und Zitrone jeweils abreiben und auspressen. 600 ml Sahne steif schlagen.

Quark, Zucker, Orangenlikör, Saft und Schale von Zitrone und Orange gut verrühren. Gelatine auflösen (siehe Tipp Seite 99). 2 EL der Quarkmasse unterrühren, dann nach und nach die restliche Quarkmasse zugeben und gut vermischen. Steif geschlagene Sahne unterheben.

5 EL von der Quarkmasse auf dem Boden verteilen. Einen hohen Tortenring (6–8 cm) um den Boden stellen. Den zweiten und vierten Ring auf den Boden legen und die Lücken mit Quarkmasse auffüllen. Dann den ersten und dritten Ring auf den Boden und den Kreis in die Mitte des Bodens legen und wieder die Lücken mit Quarkmasse auffüllen. Mit den restlichen Kreisen wiederholen. Die letzte Schicht soll aus dem ersten und dritten Ring sowie dem Kreis in der Mitte bestehen. Die restliche Quarkmasse auf der Oberfläche verteilen und die Torte über Nacht kalt stellen. Aus dem Ring lösen, Oberfläche und Rand mit geschlagener Sahne bestreichen, mit Sahnetuffs, kandierten Orangen und gehackten Pistazien verzieren.

Rumbombe

Für den normalen Boden:

6 Eier
2 EL Wasser, warm
240 g Zucker
180 g Mehl 405
60 g Stärkemehl

Für den dünnen Boden:

3 Eier
1 EL Wasser, warm
120 g Zucker
90 g Mehl 405
30 g Stärkemehl

Für die Füllung:

4 EL Aprikosenmarmelade
½ l Milch
1 Päckchen Vanillepuddingpulver
3 EL Zucker
250 g Butter, weich
5 EL Puderzucker
4 EL Rum

Zum Bestreichen:

5 EL Aprikosenmarmelade

Für die Glasur:

200 g Halbbitterschokolade
20 g Palmin

Zur Erklärung: Für diese Torte sind drei Biskuitböden nötig. Deshalb sieht das Rezept einen normalen Boden vor, der einmal durchgeschnitten wird, und einen aus dem halben Rezept.

Aus den Zutaten für den Teig helle Biskuitböden nach Grundrezept (Seite 30) herstellen. Den dicken Boden einmal durchschneiden. Einen der drei Böden mit Aprikosenmarmelade bestreichen. Die beiden übrigen Biskuitböden in Würfel schneiden und in eine

Schüssel geben. Rum mit 2 EL Wasser verdünnen und die Biskuitwürfel damit tränken. Abdecken und 60 Minuten durchziehen lassen.

Puddingpulver mit Zucker vermischen und mit 3 EL Milch glatt rühren. Restliche Milch aufkochen, Puddingpulver einrühren und gut aufkochen lassen. Pudding im kalten Wasserbad zugedeckt abkühlen lassen, damit sich keine Haut bildet, dabei ab und zu mit einem Schneebesen umrühren.

Butter in einer erwärmten Schüssel gut schaumig schlagen, Puderzucker zugeben, den abgekühlten Pudding löffelweise zugeben. Butter und Pudding sollten die gleiche Temperatur haben, damit die Creme nicht gerinnt. Creme unter die Biskuitwürfel mischen und kuppelförmig auf den mit Aprikosenmarmelade bestrichenen Boden streichen. Oberfläche glattstreichen und mit leicht erwärmter Aprikosenmarmelade bestreichen. Schokolade mit Palmin zerlassen, gut vermischen und etwas abkühlen lassen. Schokoglasur auf der Oberfläche verteilen.

Gelatine auflösen

– Weichen Sie Gelatine in kaltem Wasser ein. Nach 10 Minuten gießen Sie das Wasser ab.
– Dann stellen Sie die Schüssel mit der nassen Gelatine auf die warme (nicht heiße) Herdplatte.
– Ist die Gelatine aufgelöst, nehmen Sie sie sofort von der Platte.
– Geben Sie niemals die Gelatine in kalte Fruchtmassen etc., sondern die Masse löffelweise in die Gelatine einführen.

Pfirsichtorte „Uncle Sam"

Für den Teig:
6 Eier
2 EL Wasser
240 g Zucker
130 g Mehl
1 gestrichener TL Backpulver
70 g Stärkemehl
40 g Kakao
1 gestrichener TL Zimt

Für die Füllung:
1 Dose Pfirsiche (850 ml)
3 Becher Sahne (à 200 ml)
2 EL Puderzucker
2 EL Orangenlikör
1 EL Schokoladenpulver

Für die Glasur:
200 g Halbbitterschokolade
40 g Palmin

Für die Garnitur:
4–5 EL Sahne, steif geschlagen
16 Pfirsichspalten

Aus den Zutaten für den Teig einen dunklen Biskuitboden nach Grundrezept (Seite 30) herstellen. Gut ausgekühlten Tortenboden zweimal durchschneiden, so dass drei Böden zur Verfügung stehen.

Pfirsiche gut abtropfen lassen, dabei etwas Saft auffangen und beiseite stellen. Früchte in Spalten schneiden. Für die Dekoration 16 gleichmäßige Stücke beiseite stellen. Sahne steif schlagen und süßen. Den unteren Boden mit etwas Sahne bestreichen. Pfirsichspalten ringförmig auf der Sahne verteilen, dabei einen Rand von 2 cm frei lassen. Früchte mit Sahne abdecken. Zweiten Boden auflegen. Dabei

Himmelstorte

Lücken ausfüllen. Torte gut kalt stellen. Schokolade mit Palmin zerlassen, gut vermischen, etwas abkühlen lassen und gleichmäßig auf der Torte verteilen. Dabei die Schokolade mit einem breiten Messer über den Rand laufen lassen, gleichmäßig auf der Oberfläche und am Rand verstreichen und erstarren lassen. Torte in 16 Stücke teilen, mit Sahnetuffs und Pfirsichspalten verzieren.

Himmelstorte

Für den Teig:
150 g Butter, weich
150 g Zucker
1 Päckchen Vanillezucker
1 Prise Salz
1 Ei
3 Eigelb
300 g Mehl
2 gestrichene TL Backpulver

Für die Baiserschicht:
3 Eiweiß
100 g Zucker
100 g Mandeln, gehobelt

Für die Füllung:
750 g rote Beeren, gemischt (Himbeeren, Johannisbeeren, Sauerkirschen, Erdbeeren)
¼ l roter Saft
40 g Stärkemehl

400 g Sahne (2 Becher)
2 EL Puderzucker

beachten, dass er exakt auf dem unteren Boden liegt. Hohlräume am Rand mit Sahne auffüllen.

Orangenlikör mit 2 EL Pfirsichsaft verdünnen und den zweiten Boden mit der Hälfte des Saftes tränken. Schokoladenpulver zur restlichen Sahne geben und noch einmal durchrühren. Schokosahne auf den zweiten Boden geben und gleichmäßig verteilen. Dritten Boden als Deckel auflegen, gleichmäßig ausrichten, etwas andrücken, dabei beachten, dass die Torte in der Mitte leicht erhöht ist. Mit dem restlichen Saft tränken. Den Rand glatt streichen, evtl. mit restlicher Sahne

Vorbereitung: Zwei runde Bleche mit Backpapier auslegen, jeweils einen Tortenring auflegen, dabei beachten, dass einer der Tortenringe einen 1–2 cm kleineren Durchmesser hat als der andere.

Für den Rührteig: Butter schaumig rühren, Zucker, Vanillezucker, Salz, Ei und Eigelb zugeben. Mehl mit Backpulver mischen und löffelweise unterheben. Bei Bedarf 2 EL Milch zugeben. Teig auf die zwei Tortenringe verteilen und glatt streichen.

Für die Baiserschicht: Eiweiß steif schlagen, Zucker zugeben und dick schaumig schlagen. Masse gleichmäßig auf den Teigböden verteilen, mit Mandelblättchen bestreuen, im vorgeheizten Ofen bei 175 °C 20–30 Minuten backen. Nach dem Erkalten aus der Form nehmen und den größeren Boden auf eine Platte legen. Mit einem Tortenring umspannen.

Saft aufkochen und mit Stärkemehl andicken. Die Früchte unterheben. Erkaltete Früchte auf den mit dem Tortenring umstellten Boden füllen und glatt streichen. Sahne steif schlagen, süßen und auf den Früchten verteilen. Kleineren Boden mit einem großen Messer in Stücke schneiden und vorsichtig jeweils die Hälfte der Stücke mit einem großen Messer auf die Torte gleiten lassen.

Tipp

Wenn Sie gefrorene Früchte verwenden, lassen Sie sie auftauen und fangen Sie den Saft auf. Den können Sie dann zum Andicken verwenden.

Punschtorte
Für den Teig:
6 Eier
2 EL Wasser, warm
240 g Zucker
180 g Mehl 405
60 g Stärkemehl

Zum Tränken:
10 EL Orangensaft
2 EL Zitronensaft
1 EL Rum

Für die Füllung 1:
70 g Marzipanrohmasse
30 g Puderzucker
2 EL Rum

Für die Füllung 2:
200 g Orangenmarmelade

Für die Marzipandecke:
300 g Marzipanrohmasse
100 g Puderzucker

Für die Punschglasur:
200 g Puderzucker
1–2 EL Wasser, heiß
1 EL Rum
1 EL Butter, heiß
1 TL Kakao

Aus den Zutaten für den Teig einen hellen Biskuitboden nach Grundrezept herstellen. Tortenboden zwei Mal durchschneiden. Orangensaft, Zitronensaft und Rum mischen und die Böden damit tränken. Dabei auf den unteren Boden weniger Flüssigkeit geben als auf die oberen. Für die erste Füllung: Marzipanrohmasse mit Puderzucker und Rum verrühren und auf den unteren Boden streichen. Den zweiten

Boden auflegen. Orangenmarmelade erwärmen und cremig rühren. Mit der Hälfte der erwärmten Orangenmarmelade bestreichen. Den dritten Boden auflegen und die Torte mit der restlichen Marmelade rundum bestreichen.

Für die Marzipandecke: Marzipanrohmasse mit Puderzucker verkneten und in Tortengröße (mit Rand) zu einer runden Platte ausrollen. Auf die Torte legen, dabei Oberfläche und Rand gleichmäßig andrücken.

Für die Punschglasur: Aus Puderzucker, heißer Butter und heißem Wasser eine streichfähige Masse herstellen, 2 EL davon beiseite stellen. Torte mit dem Puderzuckerguss überziehen. Die 2 EL Guss mit Kakao mischen und in einen kleinen Spritzbeutel füllen. Ringe auf die noch feuchte Oberfläche spritzen und sofort mit einem Messer abwechselnd von der Kreismitte nach außen und vom Rand nach innen ziehen. So entsteht ein schönes Muster. Torte 1–2 Tage durchziehen lassen.

Eierlikör-Torte

Für den Teig:
100 g Butter
100 g Zucker
5 Eigelb
200 g Mandeln, gemahlen
1 TL Backpulver
100 g Halbbitterschokolade, gerieben
2 EL Rum
3 EL Eierlikör
5 Eiweiß

Für den Belag:
2 Becher Sahne
1 EL Puderzucker
⅛ l Eierlikör
Schokoladenstreusel

Butter schaumig rühren, Zucker und Eigelb abwechselnd zugeben und eine schöne Schaummasse rühren. Schokolade zugeben. Mandeln mit Backpulver mischen und abwechselnd mit Rum und Eierlikör unterheben. Eiweiß gut steif schlagen und portionsweise unterheben. Teig in eine gefettete Tortenform füllen. Oberfläche glatt streichen und im vorgeheizten Ofen bei 175 °C 60 Minuten auf der untersten Schiebeleiste backen. Auskühlen lassen und aus der Form nehmen.

Sahne steif schlagen, süßen, 5 EL in einem Spritzbeutel beiseite stellen. Restliche Sahne auf dem Kuchen verteilen, dabei auch den Rand mit Sahne bestreichen. Nun mit dem Spritzbeutel einen Ring aus Sahnetuffs auf den Tortenrand spritzen. Eierlikör in die Mitte der Torte gießen. Torte auf der Tortenplatte schräg halten, vorsichtig drehen und dabei den Eierlikör gleichmäßig auf der Oberfläche verlaufen lassen. Mit Schokostreusel verzieren.

> *Tipp*
>
> Diese Torte kommt ganz ohne Mehl aus und wird auch von denjenigen gut vertragen, die eine Mehl-Allergie haben. Wenn Sie für Kinder backen, können Sie den Eierlikör leicht gegen angedickten Fruchtsaft – es eignen sich Orangen- oder Maracujasaft – ersetzen.

Himbeer-Sahne-Torte
Für den Teig:
6 Eier
2 EL Wasser, warm
240 g Zucker
180 g Mehl
60 g Stärkemehl

Für die Füllung:
600 g Himbeeren
100 g Zucker
10 Blatt Gelatine
600 ml Sahne

Für die Verzierung:
200 ml Sahne
1 EL Puderzucker
16 Himbeeren

Aus den Zutaten für den Teig einen hellen Biskuit nach Grundrezept herstellen. Himbeeren mit Zucker aufkochen und durch ein Sieb streichen. Gelatine einweichen und in der noch warmen Himbeermasse auflösen.

Sobald die Himbeeren zu gelieren beginnen, steif geschlagene Sahne unterheben.

Biskuitboden zwei Mal durchschneiden. Einen Boden auf eine Tortenplatte legen und mit einem Tortenring umstellen. Ein Drittel der Himbeersahne einfüllen, den 2. Boden auflegen, leicht andrücken, ein weiteres Drittel der Masse einfüllen, Deckel auflegen, etwas andrücken. Restliche Fruchtmasse einfüllen und Oberfläche glattstreichen. Torte über Nacht kühl stellen. Torte vorsichtig aus dem Tortenring lösen. Das geht am besten mit einem breiten Messer, dessen Schneide unter heißem Wasser erwärmt wird. Damit vorsichtig zwischen Tortenring und Torte entlangfahren. Rand mit Sahne bestreichen. Oberfläche in 16 Stücke teilen, mit Sahnetuffs und Himbeeren verzieren.

Variante: Für eine **Erdbeer-Sahne-Torte** gelten dieselben Mengen und Herstellungsweisen. Statt Himbeeren frische Erdbeeren mit Zucker pürieren oder gefrorenes Erdbeerpüree verwenden. Für eine **Brombeer-Sahne-Torte**: Brombeeren mit Zucker aufkochen, Fruchtmasse durch ein Sieb passieren. Mengen und Herstellung wie bei Himbeer-Sahne-Torte.

Linzer Torte
Für den Teig:
250 g Butter, weich
250 g Zucker
1 Päckchen Vanillezucker
1 Ei
0,2 cl Kirschwasser
250 g Mandeln, gemahlen
250 g Mehl
1 EL Kakao
1 TL Zimt
1 Messerspitze Nelken

Für die Füllung:
300 g Himbeermarmelade

Zum Bestreichen:
Eiermilch (1 Eigelb, 2 EL Milch)
Alle Zutaten für den Teig in eine Schüssel geben und einen Mürbteig herstellen (Herstellung siehe Grundrezept Seite 28). Teig 2 Stunden kalt stellen. Zwei Drittel des Teigs ausrollen und eine gefettete Springform damit auslegen, dabei einen 2 cm hohen Rand formen.

Den Boden mit der Marmelade bestreichen.

Linzer Torte

Sachertorte

Für den Teig:
150 g Butter, weich
220 g Zucker
5 Eigelb
220 g Mehl
1 Päckchen Backpulver
⅛ l Milch
150 g Halbbitterschokolade, zerlassen
5 Eiweiß, steif geschlagen

Für die Füllung:
1 Glas Aprikosenmarmelade

Für die Glasur:
2 Tafeln Halbbitterschokolade
1 Würfel Palmin (20 g)

Butter schaumig rühren, Eigelb, Zucker und zerlassene Schokolade unterrühren. Mehl mit Backpulver mischen und abwechselnd mit der Milch zugeben. Zum Schluss den steif geschlagenen Eischnee unterziehen. In eine gefettete Tortenform mit geradem Rand füllen und im vorgeheizten Ofen bei 175 °C auf der untersten Schiene 50 Minuten backen.

Kuchen auskühlen lassen, aus der Form nehmen und zwei Mal quer durchschneiden, Böden mit Aprikosenmarmelade bestreichen und zusammensetzen. Oberfläche und Rand der Torte dünn mit erwärmter Aprikosenmarmelade bestreichen und mit der Schokoladenglasur (Herstellung Seite 67) überziehen.

Aus dem restlichen Teig dünne Rollen formen oder Teigstreifen ausrädeln und gitterartig über die Marmelade legen. Die Teigstreifen und den Rand mit Eiermilch bestreichen. Bei 180 °C im vorgeheizten Ofen 60 Minuten backen.

> *Tipp*
> Diese Torte ist ein Dauergebäck. Sie ist gut vorzubereiten und aufzubewahren. So haben Sie immer etwas für Überraschungsgäste im Haus. Sie können auch das doppelte Rezept auf einem viereckigen Backofenblech backen.
> In kleine Quadrate geschnitten ist die Linzer Torte auch als Weihnachtsgebäck geeignet.

Fruchtige Orangensaft-Bananen-Torte

Für den Teig:
3 Eier
1 EL Wasser, warm
120 g Zucker
90 g Mehl
30 g Stärkemehl

Für die Füllung:
4 EL Aprikosenmarmelade
5–6 Bananen
½ l Orangensaft
2 EL Zucker
2 Päckchen Tortenguss, hell

Für den Belag:
2 Becher Sahne
2 TL Puderzucker
Eierlikör

Mit den Zutaten für den Teig einen hellen Biskuitboden nach Grundrezept (Seite 30) herstellen. Biskuitboden mit Aprikosenmarmelade bestreichen. Die Bananen in gleichmäßig dicke Scheiben (1½ cm) schneiden und den Boden dicht belegen. Einen Tortenring um den Boden stellen. Den Orangensaft mit Tortenguss laut Packungsanleitung andicken und über die Bananen gießen. Erkalten lassen.

Sahne steif schlagen, süßen, 5 EL in einen Spritzbeutel füllen. Restliche Sahne über den Tortenguss verteilen, dabei auch den Rand bestreichen. Mit dem Spritzbeutel einen dichten Rand aus Sahnerosetten spritzen. Eierlikör in die Mitte gießen. Torte schräg halten, dabei den Eierlikör gleichmäßig auf der Sahne verlaufen lassen.

Obsttorte

Für den Teig:
3 Eier
1 EL Wasser, warm
120 g Zucker
90 g Mehl
30 g Stärkemehl

Zum Bestreichen:
200 g Frischkäse
1 Päckchen Vanillezucker
50 g Zucker
2 EL Sahne

Für den Belag:
frische Erdbeeren, Himbeeren, Obst aus der Dose, je nach Geschmack

Für den Guss:
1–2 Päckchen Tortenguss, weiß oder rot
2–3 EL Zucker
¼ oder ½ l Saft

Aus den Zutaten für den Teig einen hellen Biskuitboden herstellen (siehe Grundrezept Seite 30). Erkalten lassen. Frischkäse mit Zucker, Vanillezucker und der Sahne cremig rühren und auf den Tortenboden streichen. Je nach Jahreszeit dicht mit Obst belegen. Einen Tortenring um den Boden stellen. Tortenguss mit Fruchtsaft kochen und auf dem Obst verteilen.

Tipp

Beim Tortenguss kommt es ganz darauf an, welche Früchte Sie verwenden. Belegen Sie Ihren Kuchen gleichmäßig dicht mit Obst, reicht ein Päckchen für den Guss aus. Haben Sie zum Beispiel Erdbeeren oder Himbeeren, brauchen Sie mehr Guss, weil die Lücken größer sind.

Mehrstöckige Torte (Hochzeitstorte)

Für die Biskuitböden:

1. Boden, Durchmesser 30 cm:

9 Eier
4 EL Wasser, warm
400 g Zucker
300 g Mehl
100 g Stärkemehl

2. Boden, Durchmesser ca. 23 cm:

5 Eier
2 EL Wasser, warm
220 g Zucker
150 g Mehl
70 g Stärkemehl

3. Boden, Durchmesser ca. 15 cm:

2 Eier
1 EL Wasser, warm
100 g Zucker
70 g Mehl
30 g Stärkemehl

Für die Füllung 1:
(Vanillebuttercreme)

½ l Milch
100 g Zucker
40 g Stärkemehl
1 Päckchen Vanillezucker
1 Eigelb
500 g Butter, weich
70 g Puderzucker

Für die Füllung 2:
(Schokoladenbuttercreme)

½ l Milch
50 g Zucker
40 g Stärkemehl
1 Eigelb
200 g Halbbitterschokolade
500 g Butter, weich
70 g Puderzucker

Zur Erklärung: Diese Torte hat drei unterschiedlich große Böden und ist mit Vanille- und mit Schokobuttercreme gefüllt. Diese Cremes halten die Torte stabil. So kann sie gut transportiert und einfach aufgeschnitten werden.

Für die Böden: Helle Biskuitböden backen nach Grundrezept Seite 30, einen Tag auskühlen lassen.

Für die Vanillebuttercreme: Stärkemehl, Zucker und Eigelb mit etwas Milch anrühren. Milch aufkochen und das angerührte Stärkemehl einrühren, aufkochen lassen und im Wasserbad zugedeckt kalt stellen. Mehrmals mit einem Schneebesen umrühren, damit sich keine Haut bildet. Butter in einer angewärmten Schüssel gut schaumig rühren, Puderzucker und Salz zugeben und alles zu einer schönen Schaummasse rühren. Abgekühlten Pudding nach und nach zugeben, zu einer lockeren Creme aufschlagen. Damit die Creme nicht gerinnt, müssen Pudding und Butter die gleiche Temperatur haben.

Für die Schokoladenbuttercreme: Pudding wie bei Vanillebuttercreme kochen. In den heißen Pudding zerbröckelte Schokolade geben und mehrmals umrühren, bis sich die Schokolade aufgelöst hat. Die weitere Zubereitung erfolgt wie bei der Vanillebuttercreme.

Böden aus den Ringen lösen und jeweils den Rand mit einem Puderzuckerstreifen längs markieren, damit die Böden korrekt wieder zusammengesetzt werden können.

Den ersten und den zweiten Boden zwei Mal durchschneiden, den dritten Boden ein Mal durchschneiden.

Jeden Boden für sich mit Creme füllen, Böden mit Hilfe des Puderzuckerstreifens exakt aufeinandersetzen, Unebenheiten mit Creme ausgleichen. Oberfläche und Rand mit Creme bestreichen. Die drei fertig gefüllten Torten 2–3 Stunden kalt stellen.

Torte bauen: Böden exakt mittig aufeinander setzen. Damit der zweite Boden genau dort sitzt, wo er sitzen soll, die Stelle mit dem Tortenring des zweiten Bodens markieren und Boden auf die Stelle gleiten lassen. Ebenso mit dem kleinen Ring für den dritten Boden verfahren. Torte mit der restlichen Creme nach Belieben verzieren. Für Hochzeitstorten gibt es kleine Brautpaare oder küssende Turteltäubchen aus Plastik zu kaufen. Die können auf den obersten Stock der Torte gesetzt werden.

Weihnachtsgebäck

Zehn Sorten, mindestens. Besser mehr. Wer eine rechte schwäbische Landfrau ist, der legt seiner Lust am Backen an Weihnachten keine Zügel an: Schon zum ersten Advent zieht der Duft nach Mandeln und Zimt durchs Haus, nach Ausstecherle und Lebkuchen. Doch auch wenn der Duft die Lust auf die süßen Köstlichkeiten ins Unermessliche steigerte, blieb die Weihnachtsdose zu. Früher gab es die Plätzchen nämlich erst an Heiligabend, weil die Zeit vor Weihnachten eine Fastenzeit war. Sie war eine Zeit der Besinnung und des Rückzugs – sie war eine besinnliche Adventszeit eben, die wir uns heute alle so wünschen.

✑ *Eine Pracht* ✑

Die schönsten Erinnerungen habe ich an unsere eigene Weihnachtsbäckerei. Die Weihnachtsplätzchen wurden bei uns in der Wohnstube hergestellt, denn dort war es warm und es gab mehr Platz als in der Küche. Um möglichst nahe am Geschehen zu sein, setzte ich mich oft mitten auf den großen, runden Tisch, der noch aus der Zeit von Wirtschaft und Bäckerei stammte und beobachtete meine Mutter und Großmutter bei der Arbeit. Die besten Zutaten und große Sorgfalt bei der Herstellung waren oberstes Gebot. Gebacken wurden jedes Jahr: Springerle, Lebkuchen, Ausstecher, Vanillebrötchen, Himbeerbrötchen, Albertle, Spritzgebäck, Butter-S, Bärentatzen, Haselnussbrötchen und ausgewellte Schokoladenschäumle. Springerle und Vanillebrötchen wurden auf dem Wohnzimmerschrank über Nacht getrocknet, damit sie am nächsten Tag beim Backen „Füßle" bekamen.

Alle Sorten gelangen immer sehr gut und es war eine Pracht, wenn wir sie auf den großen schwarzen Blechen vom Bäcker abholten. Manchmal war der Bäcker sogar ganz neidisch, weil die Plätzchen meiner Großmutter immer so gleichmäßig und schön waren.

Doris Bopp aus Dettingen unter Teck

Tipps zur Zeitplanung

Beginnen Sie Ihre Weihnachtsbäckerei mit Lebkuchen und Springerle. Diese beiden Sorten sind lange haltbar und brauchen einige Zeit, um den richtigen Geschmack zu entfalten. Damit die Lebkuchen weich bleiben, bewahren Sie sie in einer gut verschließbaren Dose auf. Sobald die Springerle weich sind, werden auch sie dicht verschlossen aufbewahrt, damit sie nicht mehr austrocknen und hart werden können.

Was Mürbteige betrifft, empfiehlt es sich, gleich mehrere von diesen hintereinander herzustellen. Außerdem gewinnt Mürbteig an Geschmack, wenn er einige Zeit kühl gelagert wird. Beginnen Sie mit den hellen Teigen, machen dann die Nussteige und zum Schluss die dunklen mit Schokolade oder Kakao. Packen Sie die Teige gut in Folie ein, damit sie nicht austrocknen und beschrifteten Sie die Folie. Im Kühlschrank sind die Teige 4–5 Tage haltbar und können nach und nach verarbeitet werden.

Lebkuchen
Für den Teig:
6 Eier
500 g Zucker
250 g Honig
1 TL Zimt
½ TL Nelken, gemahlen
125 g Zitronat, gehackt
125 g Nüsse, gemahlen
1 TL Natron
½ TL Hirschhornsalz
3 EL Kirschwasser
1000 g Weizenmehl 405

Für die Glasur:
200 g Puderzucker
2 EL Zitronensaft
Wasser, warm

Eier mit Zucker dick schaumig rühren. Honig unterrühren. Gewürze, Zitronat und Nüsse unterheben. Hirschhornsalz in Kirschwasser auflösen und mit der Hälfte des Mehls zugeben. Natron mit 3 EL Wasser auflösen und ebenfalls zugeben. Das restliche Mehl unterkneten.

Teig 2 Stunden ruhen lassen. Danach durchkneten und in zwei Teile teilen. Jedes Teil zu einem Rechteck ausrollen und auf ein gefettetes und bemehltes Backblech legen. Im vorgeheizten Ofen bei 175 °C 20–25 Minuten backen. Noch warm mit Zitronenglasur bestreichen. Nach dem Erkalten in kleine Rechtecke schneiden. In einer Dose aufbewahren.

Springerle
Ergibt ca. 40 Stück

Für den Teig:
4 große Eier
500 g Puderzucker
500 g Mehl
1 Messerspitze Hirschhornsalz

Für das Blech:
Anissamen

Vorsichtig wird der Model vom Springerles-Teig gelöst.

Alle Zutaten sollten Zimmertemperatur haben.

Eier und Zucker sehr gut schaumig rühren. Hirschhornsalz mit etwas Wasser auflösen und mit dem Mehl zur Ei-Zucker-Masse geben. Den Teig gut durchkneten und abgedeckt in der Kälte 2 Stunden ruhen lassen. Teig portionsweise 1,5–2 cm dick ausrollen und in einen leicht mit Mehl bestäubten Model drücken. Teigstücke ausstechen oder mit einem Messer ausschneiden. Auf ein mit einem Küchentuch belegtes Backbrett legen und über Nacht abtrocknen lassen.

Die Unterseite der Plätzchen mit Wasser bestreichen und auf ein mit Anis bestreutes Backpapier setzen. Im vorgeheizten Ofen bei 160 °C 20–25 Minuten backen.

Vanillebrötchen
Ergibt ca. 80 Stück

Für den Teig:
3 Eier
250 g Zucker
250 g Mehl
1 Päckchen Vanillezucker

Eier mit Zucker sehr gut schaumig rühren, Vanillezucker und Mehl unterheben. Teig in einen Spritzbeutel mit Lochtülle füllen und kleine Häufchen auf ein gefettetes, bemehltes Backblech spritzen. Mehrere Stunden oder über Nacht abtrocknen lassen. Im vorgeheizten Ofen bei 160 °C 20–25 Minuten hellgelb backen. Durch das Trocknen werden die Vanillebrötchen beim Backen oben hell und bekommen „Füßchen".

Tipp

Backen Sie Vanillebrötchen nicht auf Backpapier, sonst werden sie schief. Besser ist ein bemehltes Blech. Das stellen Sie wie folgt her: Sie fetten das Blech und streuen auf eine Seite einen etwas dickeren Streifen mit Mehl. Nun halten Sie das Blech schräg (der Streifen liegt dabei an der oberen Seite) und klopfen vorsichtig auf die Rückseite. So verteilt sich das Mehl gleichmäßig über das ganze Blech.

⊗ *Bunter Zucker verzweifelt gesucht* ⊗

In der Adventszeit brachten viele Frauen ihre Plätzchen auf großen schwarzen Blechen zum Bäcker, und der musste sehr aufpassen, dass alles gut und richtig gebacken wurde. Einmal passierte es doch, dass einige Bleche mit Ausstecherle verbrannt waren. Ganz erschrocken überlegten wir, wie der Schaden zu beheben sei. Schnell machten wir einen Teig und neue Ausstecherle und es wäre alles wohl gut und unbemerkt gegangen, wenn die unbrauchbaren Plätzchen nicht mit buntem Zucker bestreut gewesen wären. Wir hatten aber nur Hagelzucker und nirgends waren bunte Zuckerstreusel aufzutreiben. Es blieb uns nichts übrig: Wir bestreuten sie mit dem „falschen" Zucker. Ich weiß nicht mehr, wie die Frau reagiert hat. Vielleicht hat sie einfach gelacht. Vielleicht waren unsere Ersatzplätzchen auch besonders gut?
Doris Bopp aus Dettingen unter Teck

Spritzgebäck
Ergibt ca. 120 Stück

Für den Teig:
250 g Butter
250 g Zucker
3 Eier
500 g Weizenmehl 405
150 g Mandeln, gemahlen

Zum Verzieren:
Schokoladenglasur (Seite 67)

Butter schaumig rühren, Zucker und Eier zugeben und gut rühren. Mehl und Mandeln zugeben. Teig portionsweise in eine Spritze füllen und beliebige Formen (Kreise, Stangen, Kringel, „S") direkt auf Backpapier spritzen. Im vorgeheizten Ofen bei 175 °C 12–15 Minuten hellgelb backen. Nach dem Erkalten mit Schokoladenglasur verzieren.

Feine Ausstecher
Ergibt je nach Größe 100–150 Stück

Für den Teig:
500 g Weizenmehl 405
250 g Zucker
6 Eigelb
250 g Butter
Zitronenschale

Zum Bestreichen:
Eiermilch (1 Eigelb, 2 EL Milch)

Zum Bestreuen:
Hagelzucker oder bunte Zuckerstreusel

Aus den Zutaten einen Mürbeteig herstellen (siehe Grundrezept Seite 28). 1 Stunde kalt stellen. Teig in Portionen 2–3 mm dick ausrollen. Beliebige Formen ausstechen, auf Backpapier setzen, mit Eiermilch bestreichen und mit Zucker bestreuen. Im vorgeheizten Ofen bei 175 °C 10–12 Minuten goldgelb backen.

Butter-S
Ergibt ca. 120 Stück

Für den Teig:
500 g Mehl
250 g Butter
250 g Zucker
6 Eigelb
Zitronenschale, abgerieben

Zum Bestreichen:
Eiermilch (1 Eigelb, 2 EL Milch)

Zum Bestreuen:
Hagelzucker

Aus den Zutaten für den Teig einen süßen Mürbteig kneten (siehe Grundrezept Seite 28). Teig 2 Stunden kalt stellen. 10 cm lange, fingerdicke Rollen formen, dicht nebeneinander auf Alufolie setzen, mit Eiermilch bestreichen. Stück für Stück in Hagelzucker tauchen. Als „S" auf Backpapier setzen. Im vorgeheizten Ofen bei 175 °C 10–12 Minuten backen.

Nusstaler
Ergibt ca. 150 Stück

Für den Teig:
375 g Mehl
125 g Stärkemehl
2 gestrichene TL Backpulver
250 g Zucker
1 Päckchen Vanillezucker
3 Tropfen Bittermandelöl
2 Eier
250 g Butter
250 g Haselnusskerne, grob gemahlen

Aus den Zutaten einen Mürbteig herstellen (siehe Grundrezept), 3 cm dicke Rollen formen, in Alufolie einwickeln und kalt stellen. In ½ cm dicke Scheiben schneiden, auf Backpapier setzen und im vorgeheizten Ofen bei 175 °C 10–15 Minuten backen

Nougatstangen
Ergibt ca. 60 Stück

Für den Teig:
225 g Butter
100 g Puderzucker
1 Päckchen Vanillezucker
3 Eigelb
200 g Mehl
1 gestrichener TL Backpulver
40 g Kakao, stark entölt
½ TL Zimt
125 g Haselnüsse, geröstet und
    gemahlen

Für die Füllung:
100 g Nougat

Zum Bestreichen:
150 g Kuvertüre
30 g Palmin

Butter schaumig rühren, Puderzucker, Vanillezucker und Eigelb zugeben. Mehl, Backpulver, Kakao und Zimt mischen und löffelweise zugeben. Zum Schluss die gerösteten und gemahlenen Haselnüsse (siehe Tipp Seite 115) unterheben. Teig portionsweise in einen Spritzbeutel mit großer Sterntülle füllen und gleich lange Stäbchen auf Backpapier spritzen. Im vorgeheizten Ofen bei 175 °C 8–10 Minuten backen.

Nach dem Erkalten immer zwei Plätzchen mit Nougat zusammensetzen. Wenn der Nougat zu fest zum Streichen ist, etwas anwärmen. Die Spitzen der Nougatstangen mit Schokoladenglasur (Herstellung Seite 67) bestreichen.

> *Tipp*
>
> Der Arbeitsaufwand für die Nougatstangen ist zwar groß. Aber er lohnt sich, denn die Stangen sind eine der besten Weihnachtsgebäcksorten und sehr beliebt bei der ganzen Familie.

Schokoladenkipferl
Ergibt ca. 120 Stück

Für den Teig:
300 g Mehl
210 g Butter
80 g Zucker
1 Prise Salz
100 g Nougatmasse

Zum Bestreichen:
100 g Kuvertüre
20 g Palmin

Aus Mehl, Butter, Zucker, Salz und Nougatmasse einen Teig herstellen, diesen in 4 Teile teilen und zu 3–4 cm dicken Rollen formen. Diese in Alufolie einwickeln und 2–3 Stunden kalt stellen. Gleichmäßige, ½ cm dicke Scheiben abschneiden und zu Kipferl (Mondsicheln) formen. Auf Backpapier setzen, noch einmal kalt stellen. Im vorgeheizten Ofen bei 180 °C 12–15 Minuten backen.

Nach dem Erkalten die Spitzen mit Schokoladenglasur (Herstellung Seite 67) bestreichen.

Zimtsterne
Ergibt ca. 60 Stück

Für den Teig:
200 g Eiweiß
500 g Zucker
500 g Mandeln, gemahlen
30 g Zimt

Für den Guss:
70 g Eiweiß
200 g Puderzucker

Eiweiß steif schlagen, Zucker zugeben und dick schaumig rühren. Zimt und Mandeln unterheben. Teig in der Kälte 1–2 Stunden ruhen lassen. Für den Guss das Eiweiß steif schlagen, den Puderzucker zugeben und dick schaumig rühren.

Kleine Portionen vom Teig auf etwas Zucker ausrollen und mit einer dünnen Schicht Guss bestreichen. Nun den Ausstecher in Wasser tauchen, damit die Sterne ausstechen und diese auf Backpapier setzen. Sehr gut geht das Ausstechen der Zimtsterne mit einem Klapp-Ausstecher.

Im vorgeheizten Ofen bei 180 °C 10–15 Minuten backen.

Nussecken
Für den Teig:
300 g Mehl
1 gestrichener TL Backpulver
130 g Zucker
1 Ei
130 g Butter

Zum Bestreichen:
250 g Aprikosenmarmelade

Für den Belag:
200 g Butter
200 g Zucker
2 Päckchen Vanillezucker
4 EL Wasser
200 g Haselnüsse, gehackt
200 g Haselnüsse, gemahlen

Zur Dekoration:
Schokoladenglasur nach Belieben

Aus den Zutaten für den Teig einen Mürbteig herstellen (siehe Grundrezept Seite 28), 1 Stunde kalt stellen, ausrollen und ein gefettetes Backofenblech damit auslegen, dabei keinen Rand bilden. Teigplatte mit Aprikosenmarmelade bestreichen.

> *Tipp*
> Nussecken können Sie das ganze Jahr über backen. Sie sind gut haltbar und immer ein willkommener Gaumenschmaus, auch für Überraschungsbesuch. Die Nussecken für den weihnachtlichen Plätzchenteller sind meist zierlich und klein. Etwas größer werden sie geschnitten, wenn sie für die nachmittägliche Kaffeetafel vorgesehen sind.

Zimtsterne

Butter in einem größeren Topf zerlassen, Zucker, Wasser und Vanillezucker zugeben und rühren, bis sich der Zucker aufgelöst hat. Haselnüsse unterheben und die Masse auf dem Teig gleichmäßig verteilen.

Im vorgeheizten Backofen bei 175 °C 20–30 Minuten backen.

Nach dem Backen in Dreiecke schneiden. Nach Belieben die Ecken mit Schokoladenglasur verzieren. **Variante:** Walnüsse statt Haselnüsse verwenden.

Bärentatzen

Haselnussmakronen
Ergibt ca. 150 Stück

Für den Teig:
260 g Eiweiß
650 g Puderzucker
1 Päckchen Vanillezucker
500 g Haselnüsse, gemahlen

Für die Garnitur:
Haselnüsse, ganz

Eiweiß steif schlagen, Puderzucker und Vanillezucker zugeben und dick glänzend schlagen. ¼ der Eiweißmasse wegnehmen. Gemahlene Haselnüsse unter die restliche Masse heben.

Nussmasse in einen Spritzbeutel mit Lochtülle füllen und kleine Häufchen auf Backpapier spritzen. Mit einem Rührlöffelstiel in die Mitte jedes Häufchens eine Vertiefung drücken. Beiseite gestellte Eiweißmasse in einen Spritzbeutel mit kleiner Sterntülle füllen und etwas Eiweiß in die Vertiefungen spritzen. Jeweils mit einer schönen Haselnuss verzieren. im vorgeheizten Ofen bei 180 °C 15–20 Minuten (je nach Größe) backen.

Bärentatzen
Ergibt ca. 120 Stück

Für den Teig:
200 g Eiweiß
500 g Zucker
500 g Mandeln, gemahlen
250 g Schokolade, gerieben
½ TL Zimt
Zitronenschale, gerieben
1 EL Kakao, stark entölt

Eiweiß mit Zucker gut schaumig rühren, Mandeln, Gewürze und Schokolade unterheben. Teig 1 Stunde in der Kälte ruhen lassen. Walnussgroße Kugeln formen, in Zucker wälzen und in eine Bärentatzenform drücken. Tatzen auf Backpapier legen, 2 Stunden abtrocknen lassen und im vorgeheizten Ofen bei 180 °C 15 Minuten backen.

୦୨ *Treffpunkt Backhaus* ୨୦
In der Adventszeit war das Backhaus in der Dorfmitte ein wichtiger Treffpunkt. Abends wurden die Weihnachtsplätzchen gerne noch in der Restwärme des Backofens gebacken. Von den jungen Erwachsenen wurde das Backhaus zudem als warmer Unterschlupf genutzt. Für sie gab es mit etwas Glück auch noch ein kleines „Versucherle".
Angelika Berg-Steiniger aus Waldachtal-Cresbach

Kokosflocken
Für den Teig:
180 g Eiweiß
500 g Zucker
500 g Kokosflocken
Saft einer halben Zitrone

Eiweiß steif schlagen, Zitronensaft und Zucker zugeben und dick schaumig schlagen. Kokosflocken unterheben und mit zwei Teelöffeln Häufchen auf ein mit Backpapier belegtes Blech setzen. 1–2 Stunden abtrocknen lassen. Im vorgeheizten Ofen bei 180 °C 10–15 Minuten hellgelb backen.
Variante: Für **Schoko-Kokosflocken:** 200 g geriebene Schokolade unter die Eiweißmasse mischen.

Japonais
Ergibt ca. 120 Stück

Für den Teig:
5 Eiweiß (175 g)
180 g Zucker
250 g Haselnüsse, geröstet und gemahlen
50 g Mehl
80 g Puderzucker

Für die Füllung:
150 g Nougat

Eiweiß gut steif schlagen. Zucker nach und nach zugeben und dick schaumig schlagen. Haselnüsse, Mehl und Puderzucker mischen und mit einem Holzlöffel unter die Eiweiß-Zucker-Masse heben. Teig portionsweise in einen Spritzbeutel mit Lochtülle Nr. 5 füllen und haselnussgroße Tupfer auf Backpapier spritzen. Im vorgeheizten Ofen bei 120 °C 50–60 Minuten backen. Nach dem Erkalten immer zwei Plätzchen mit streichfähigem oder leicht erwärmtem Nougat zusammenkleben.

> *Tipp*
> Haselnüsse rösten Sie am besten im Backofen bei 80–100 °C, bis die Häutchen aufspringen und sich lösen. Danach geben Sie die Nüsse in ein Küchentuch und reiben sie im Tuch so lange aneinander, bis sich die meisten Häutchen von den Nüssen abgelöst haben.

Zitronenschäumle

Zitronenschäumle
Für die Baisermasse:
4 Eiweiß (130 g)
3 EL Zitronensaft
500 g Puderzucker

Baisermasse herstellen: Eiweiß gut steif schlagen, Puderzucker und Zitronensaft zugeben und gut dick glänzend schlagen. Masse in einen Spritzbeutel mit Sterntülle füllen und kleine Tuffs auf Alufolie spritzen. Im vorgeheizten Ofen bei 80–100 °C 60–80 Minuten mehr trocken als backen lassen.

Schokoladenmakronen
Ergibt ca. 120 Stück

Für den Teig:
200 g Mandelblättchen
200 g Schokolade, gerieben
3 Eiweiß
200 g Zucker
40 g Kakao
½ TL Zimt

Mandelblättchen im Backofen bei 175 °C goldbraun rösten. Eiweiß steif schlagen, Zucker zugeben und so lange schlagen, bis eine zähe Masse entstanden ist. Die Mandelblättchen noch heiß in eine Edelstahlschüssel geben. Schokolade, Kakao und Zimt mischen und unter die noch gut warmen Mandelblättchen heben. Eischnee unterheben. Mit zwei Teelöffeln kleine Häufchen auf Backpapier setzen und im vorgeheizten Ofen bei 150 °C 15 Minuten backen.

Walnussmakronen
Ergibt ca. 80 Stück

Für den Teig:
150 g Eiweiß
300 g Puderzucker
1 Vanilleschote
2 EL Rum
450 g Walnusskerne, gemahlen

Für die Garnitur:
Walnusskerne

Eiweiß steif schlagen, Zucker zugeben und dick schaumig schlagen. Vanilleschote aufschneiden, das Mark auskratzen und zugeben, Rum und gemahlene Walnüsse unterheben. Masse in einen Spritzbeutel mit großer Sterntülle füllen und Tuffs auf Backpapier spritzen. Mit Walnusskernen verzieren, im vorgeheizten Ofen bei 175 °C 15 Minuten backen.

> **Tipp**
> Werfen Sie die Vanilleschote nach dem Auskratzen nicht weg. Schneiden Sie sie lieber in Stücke, füllen Sie ein Schraubglas mit Zucker und geben die Schotenstücke hinein. Nach zwei Wochen haben Sie einen wunderbaren, aromatischen Vanillezucker.

Himbeerringe
Ergibt ca. 40 Stück

Für den Teig:
400 g Mehl
120 g Zucker
250 g Butter
1 Eigelb
1 Päckchen Vanillezucker
Zitronenschale, gerieben
1 Prise Salz
2 EL Rum

Für die Füllung:
400 g Himbeergelee

Aus den Zutaten für den Teig einen Mürbteig kneten (siehe Grundrezept) und 2 Stunden kalt stellen. Teig portionsweise 2 mm dünn ausrollen. Runde Plätzchen mit gewelltem Rand ausstechen. Aus der Hälfte der Plätzchen mittig ein kleines Loch ausstechen. Beide Sorten auf Backpapier im vorgeheizten Ofen bei 175 °C ca. 10–12 Minuten backen.

Nach dem Erkalten immer zwei Plätzchen – jeweils eines mit Loch und eines ohne – mit der Unterseite gegeneinander mit Himbeergelee zusammensetzen. Mit Puderzucker bestäuben und jeweils in das Loch in der Mitte einen Tupfer heißes Himbeergelee geben.

Vanillekipferl
Ergibt ca. 120 Stück

Für den Teig:
420 g Mehl
320 g Butter
180 g Zucker
180 g Mandeln, gemahlen

Zum Verzieren:
Zucker, mit Vanillezucker gemischt

Aus Mehl, Butter, Zucker und Mandeln einen Mürbteig herstellen (siehe Grundrezept). 2 Stunden kalt stellen. Danach aus dem Teig gleich große Kipferl (Mondsicheln) formen, auf Backpapier geben und noch einmal in die Kälte stellen. Im vorgeheizten Ofen bei 175 °C 10–12 Minuten backen. Noch warm in Zucker wenden.

Spitzbuben
Ergibt ca. 75 Stück

Für den Teig:
420 g Mehl
250 g Butter
210 g Zucker
2 Eier
125 g Haselnüsse, gemahlen

Zum Füllen:
Hägenmark (Hagebuttenmark)

Aus Mehl, Butter, Zucker, Eier und Nüssen einen Mürbteig kneten (siehe Grundrezept) und 2 Stunden kalt stellen. Danach portionsweise 2 mm dick ausrollen. Runde Plätzchen ausstechen. Auf Backpapier setzen und im vorgeheizten Ofen bei 175 °C 10–12 Minuten hellbraun backen. Nach dem Erkalten immer zwei Plätzchen mit der Unterseite gegeneinander mit Hägenmark zusammensetzen und mit Puderzucker bestäuben.

Nuss-Marzipantaler
Ergibt ca. 80 Stück

Für den Teig:
150 g Mehl
½ gestrichener TL Backpulver
75 g Zucker
1 Päckchen Vanillezucker
125 g Butter
150 g Haselnüsse, gemahlen

Für den Belag:
250 g Marzipan-Rohmasse
150 g Puderzucker

Für die Füllung:
100 g Johannisbeergelee

Für die Glasur:
100 g Puderzucker
2 EL Rum

Für die Garnitur:
Pistazien, gehackt

Aus den Zutaten für den Teig und je nach Bedarf 1–2 EL kaltem Wasser einen Mürbteig kneten und 2 Stunden kalt stellen. Teig ausrollen und runde Plätzchen ausstechen. Auf Backpapier setzen und im vorgeheizten Ofen bei 175 °C 8–10 Minuten backen.

Marzipan mit Puderzucker verkneten und dünn ausrollen. Mit der gleichen Form ebenfalls dünne Plätzchen ausstechen. Die Teigplätzchen auf der Unterseite mit Gelee bestreichen und jeweils ein Marzipanplätzchen darauf legen. Puderzucker mit Rum und evtl. etwas Wasser zu einem dickflüssigen Guss rühren und mit einem Messer auf das Marzipan streichen. Sofort mit gehackten Pistazien verzieren.

ℭℛ *Lecker: Plätzchen zweiter Wahl* ℘

Am Backtag wurden die „Brödle" (die Weihnachtsplätzchen) nach dem Brot gebacken, denn dann war die Hitze „mild". Die Temperatur im Ofen hatten Oma und Mutter auch ohne Thermometer ganz gut im Griff. Wenn ein Blech des Weihnachtsgebäcks aber dennoch zu dunkel wurde oder „vergrota isch" (schlecht geraten ist), dann haben wir Kinder uns gefreut: Das Blech wurde zum Gleichessen freigegeben.
Helga Holzwarth aus Murrhardt

Nuss-Nougatplätzchen
Ergibt 150 Stück

Für den Teig:
4 Eier
400 g Zucker
1 Päckchen Vanillezucker
¼ TL Nelken, gemahlen
¼ TL Muskatblüte
3 Tropfen Backöl Zitrone
100 g Korinthen
60 g Orangeat
60 g Zitronat
500 g Haselnüsse, gemahlen
400 g Nuss-Nougat-Creme

Für die Glasur:
300 g Puderzucker
5 EL Zitronensaft

Zum Bestreuen:
bunte Zuckerstreusel

Eier mit Zucker schaumig rühren. Gewürze und alle anderen Zutaten unterheben. Mit zwei Teelöffeln kleine Häufchen auf Backpapier setzen und im vorgeheizten Ofen bei 130–150 °C

20–25 Minuten backen. Aus Puderzucker, Zitronensaft und evtl. Wasser eine Glasur herstellen und die Plätzchen damit bestreichen, noch feucht mit bunten Zuckerstreuseln bestreuen.

Husarenkrapfen
Ergibt ca. 80 Stück

Für den Teig:
250 g Butter
120 g Zucker
1 Päckchen Vanillezucker
4 Eigelb
350 g Mehl

Zum Bestreichen:
Eiermilch (1 Eigelb, 2 EL Milch)
200 g Mandeln, geschält und gehackt

Für die Füllung:
250 g Himbeermarmelade

Butter schaumig rühren, Zucker, Vanillezucker und Eigelb zugeben. Mehl löffelweise zugeben. 2 Stunden kalt stellen. Walnussgroße Kugeln formen, in die Mitte mit einem Kochlöffelstiel eine Vertiefung drücken. Stiel immer wieder in Mehl tauchen, damit der Teig nicht kleben bleibt. Rand mit Eiermilch bestreichen und in gehackten Mandeln wenden. Auf Backpapier setzen, Himbeermarmelade in die Vertiefung geben, noch einmal kalt stellen und im vorgeheizten Ofen bei 180 °C 10–12 Minuten backen.

> **Tipp**
> Füllen Sie die Himbeermarmelade in einen Spritzbeutel, so können Sie die Plätzchen mühelos füllen.

Mit einem Kochlöffelstiel drücken Sie die Mulde für die Marmelade in den Husarenkrapfen-Teig.

Florentiner Plätzchen
Ergibt ca. 80 Stück

Für den Teig:
150 g Mehl
65 g Butter
50 g Zucker
1 Päckchen Vanillezucker
1 EL Wasser

Für den Belag:
50 g Butter
100 g Zucker
2 EL Honig
125 ml Sahne
100 g Mandelblättchen
100 g Haselnüsse, gehobelt
25 g Belegkirschen, in kleine Stücke geschnitten

Zum Bestreichen:
100 g Kuvertüre
20 g Palmin

Für den Belag: Butter, Honig und Zucker zerlassen und leicht bräunen lassen. Sahne zugeben und rühren, bis sich der Zucker gelöst hat. Mandelblättchen, Haselnüsse und Belegkirschen zugeben und so lange schwach kochen lassen, bis die Masse gebunden ist, dabei immer wieder umrühren.

Knetteig aus Mehl, Butter, Zucker, Vanillezucker und Wasser herstellen. Kalt stellen. Teig dünn ausrollen und runde Plätzchen ausstechen. Auf Backpapier setzen und bei 175 °C 7 Minuten backen. Je 1 TL des Belags auf die vorgebackenen Plätzchen geben und im vorgeheizten Ofen bei 175 °C in 8–10 Minuten fertig backen. Nach dem Erkalten die Plätzchen auf der Unterseite mit Schokoladenglasur (Herstellung Seite 67) bestreichen

⊘ Lirum, larum, Löffelstiel ⊘

In der Weihnachtszeit haben wir Ausstecherle, Butter-S, Springerle, Vanille- und Himbeerbrödle und Spritzgebäck gebacken, in großen Mengen und mit Hilfe von uns Kindern. Der Teig musste noch von Hand gerührt werden, oft eine ganze Stunde lang. „Lirum, larum, Löffelstiel, wer des ko, der ko net viel" (... wer das kann, der kann nicht viel). Mit diesem Spruch hat die Oma versucht, uns zu motivieren.
Helga Holzwarth aus Murrhardt

Früchtebrot (Schnitzbrot)
Ergibt ca. 10–12 Brote à 500 g

Für den Teig:
1 kg Zwetschgen, getrocknet
1 kg Birnenschnitze, getrocknet
500 g Feigen, getrocknet
200 g Aprikosen, getrocknet
500 g Rosinen
300 g Walnüsse
200 g Haselnüsse, grob gehackt
100 g Orangeat
100 g Zitronat
⅛ l Kirschwasser
Zitronenschale, abgerieben
Zimt, Nelken, Salz
Lebkuchengewürz
1 kg Weizenmehl 1050
80 g Hefe
½ l Schnitzbrühe

Zum Verzieren:
100 g Mandeln, blanchiert

Am Tag vor dem Backen Zwetschgen und Birnenschnitze mit 1½–2 l Wasser aufkochen und quellen lassen. Nach dem Erkalten die Früchte abgießen, dabei den Saft auffangen. Früchte in Stücke schneiden. Rosinen über Nacht in Kirschwasser einlegen. Feigen und Aprikosen in Stücke schneiden. Haselnüsse grob hacken.

Am nächsten Tag Mehl in eine große Schüssel geben und in der Mitte eine Vertiefung bilden. Hefe mit etwas warmer Schnitzbrühe anrühren, in die Mulde geben und mit etwas Mehl einen Vorteig rühren. Zugedeckt 15 Minuten ruhen lassen. Gewürze nach Geschmack und restliche Schnitzbrühe zugeben und einen Teig kneten. Zugedeckt zu doppelter Größe gehen lassen.

Geschnittene Früchte, eingeweichte Rosinen, Nüsse und alle weiteren Zutaten zugeben und verkneten. 2 Stunden gehen lassen. Teig in gefettete Aluformen füllen und mit den Mandeln verzieren. Noch einmal kurz gehen lassen, dann im vorgeheizten Ofen bei 175 °C 60 Minuten backen. Während des Backens mehrmals die Oberfläche mit Schnitzbrühe bestreichen. Nach dem Backen die Brote aus den Formen nehmen und auf einem Gitter auskühlen lassen.

Apfelbrot
Vorbereitung:
1 kg Äpfel, mit der Schale grob geraspelt
250 g Zucker
300 g Rosinen
4 EL Obstschnaps

Für den Teig:
600 g Mehl
2 Päckchen Backpulver
200 g Walnüsse, grob gehackt
2 TL Kakao
Anis, Nelken, Zimt

Geraspelte Äpfel mit Zucker mischen und über Nacht stehen lassen. Rosinen mit Schnaps mischen und gut durchziehen lassen.

Tipp

Dieses Apfelbrot ist sehr beliebt, schmeckt ausgezeichnet und ist wesentlich einfacher herzustellen als das oben beschriebene Früchtebrot. Allerdings ist es nur begrenzt haltbar. Sie können statt den im Rezept stehenden Gewürzen auch Lebkuchengewürz verwenden. Die Walnüsse können Sie gegen Haselnüsse oder Mandeln austauschen.

Am nächsten Tag das Mehl mit Backpulver mischen und unter die Äpfel heben, Rosinen, Nüsse, Kakao und Gewürze zugeben. Alles gut vermischen. Teig in zwei gut gefettete Kapseln füllen und im vorgeheizten Ofen bei 175 °C gut 60 Minuten backen. **Variante:** Rum statt Obstschnaps gibt dem Gebäck eine besondere Note.

Quarkstollen
Für den Teig:
500 g Weizenmehl 405
1 Päckchen Backpulver
200 g Zucker
1 Päckchen Vanillezucker
1 Prise Salz
4 Tropfen Bittermandelöl
4 Tropfen Zitronenaroma
1 Flasche Rumaroma
1 Messerspitze Kardamom
1 Messerspitze Muskatblüte
2 Eier
125 g Butter
250 g Quark
125 g Rosinen
125 g Korinthen
125 g Haselnüsse, gemahlen
40 g Zitronat

Zum Bestreichen:
50 g Butter

Zum Bestreuen:
80 g Puderzucker

Mehl in eine Schüssel geben, Eier, Butter, Zucker und alle anderen Zutaten zugeben und mit dem Knethaken zu einem Teig arbeiten.
Teig aus der Schüssel nehmen und auf einem Backbrett noch einmal durchkneten. Zu einem Stollen formen

und auf ein mit Backpapier belegtes Backblech legen. Steht eine Stollenbackhaube zur Verfügung, aus dem Teig eine Rolle formen, auf Backpapier legen und die gut gefettete Stollenbackhaube darüberstülpen. Im vorgeheizten Ofen bei 175 °C 75 Minuten backen. Nach dem Backen den noch heißen Stollen mit zerlassener Butter bestreichen und mit Puderzucker besieben.

> **Tipp**
>
> Wenn Sie keine Stollenbackhaube besitzen, können Sie den Teig auch ohne formen: Einen länglichen Laib rollen. Mit dem Wellholz die Mitte des Laibs vorsichtig eindrücken, sodass auf beiden Seiten ein dicker Teigwulst entsteht. Nun die Teigoberfläche mit kaltem Wasser bestreichen und einen Teil des Teigs auf den anderen klappen. So entsteht die typische Stollenform.

Osterbäckerei

Der Jahreslauf mit seinen Jahreszeiten ist auf dem Land deutlicher wahrzunehmen als in der Stadt. Sprießt das Grün, ist der strenge Winter vorbei. Und nähert sich Ostern, ist auch die lange Fastenzeit bald überstanden. Grund genug, sich auf das Osterfest zu freuen. Dann wird in den ländlichen Familien gefeiert und geschmaust, nach allen Regeln der Landfrauen-Kunst. Da wird zum Frühstück das Osterbrot gegessen, da suchen die Kinder später die gebackenen Osterhasen im Nest. Lassen Sie sich für Ihr Osterfest inspirieren!

Osterbrot
Ergibt 2 Stück

Für den Teig:
1000 g Weizenmehl 405
1 Würfel Hefe
ca. ½ l Milch
200 g Butter
100 g Zucker
2 Eier
Zitronenschale, abgerieben
100 g Mandeln, gehackt
100 g Zitronat
300 g Rosinen
2 EL Rum

Zum Bestreichen:
50 g Butter

Zum Bestreuen:
50 g Puderzucker

Hefeteig nach Grundrezept (Seite 24) kneten und gehen lassen. Weiche Butter, Zucker, Eier und alle weiteren Zutaten dazugeben und mit der restlichen Milch zu einem Hefeteig kneten. Zugedeckt zu doppelter Größe gehen lassen.

Teig aus der Schüssel nehmen, durchkneten, in zwei Teile teilen und zwei runde Brote formen. Auf ein mit Backpapier belegtes Blech legen und zugedeckt weitere 15 Minuten gehen lassen. Brote an der Oberfläche kreuzweise einschneiden und im vorgeheizten Ofen bei 175–200 °C 50–60 Minuten backen.

Brote noch heiß mit Butter bestreichen und mit Puderzucker besieben. Auf einem Gitter auskühlen lassen.

Mürbe Osterhasen

Für den Teig:
500 g Mehl
250 g Butter
200 g Zucker
6 Eigelb
1 Prise Salz
Zitronenschale, abgerieben

Zum Bestreichen:
Eiermilch (1 Eigelb, 2 EL Milch)
Hagelzucker
Rosinen

Aus den Zutaten für den Teig einen Mürbteig kneten (Herstellung siehe Grundrezept Seite 28). 2 Stunden kalt stellen. Portionsweise ausrollen und Hasen ausstechen. Auf Backpapier legen, mit Eiermilch bestreichen, das Auge mit einer Rosine markieren und mit Hagelzucker bestreuen. Im vorgeheizten Ofen bei 175 °C 10–12 Minuten backen.

Osterhasen aus Hefeteig

Für den Teig:
500 g Weizenmehl 405
20 g Hefe
ca ¼ l Milch
50 g Zucker
100 g Butter
1 Ei
1 Prise Salz
Zitronenschale

Zum Bestreichen:
Eiermilch (1 Eigelb, 2 EL Milch)

Zur Dekoration:
Rosinen
Hasenschablone aus dicker Pappe

Mehl in eine Schüssel geben, in der Mitte eine Vertiefung bilden, Hefe mit etwas lauwarmer Milch und 1 TL Zucker auflösen und in die Vertiefung geben. Zugedeckt 15 Minuten gehen lassen. Zucker, Butter, Ei, Gewürze und Milch zugeben und einen Hefeteig kneten (Herstellung siehe Grundrezept Seite 24). Zugedeckt zu doppelter Größe gehen lassen. Teig aus der Schüssel nehmen, durchkneten und 2 cm dick ausrollen. Die Hasenschablone auf den Teig legen und mit einem spitzen Messer ausschneiden. Auf ein mit Backpapier belegtes Blech legen, mit Eiermilch bestreichen, mit einer Rosine das Auge markieren und im vorgeheizten Ofen bei 175–200 °C 20–25 Minuten backen.

Kleine Osternestchen

Ergibt 10 Stück

Für den Teig:
500 g Mehl 405
20 g Hefe
ca. ¼ l Milch
50 g Zucker
100 g Butter
1 Ei
1 Prise Salz
Zitronenschale

Zum Bestreichen:
Eiermilch (1 Eigelb, 1 EL Milch)

Hefeteig nach Grundrezept (Seite 24) herstellen. Gegangenen Teig durchkneten und in zehn Teile teilen. Jedes Teil noch einmal in drei Teile teilen und 25 cm lange, dünne Teigstränge ausrollen. Diese jeweils zu einem Zopf flechten und zu einem Kranz legen. Auf ein mit Backpapier belegtes Blech legen, noch einmal 10 Minuten abgedeckt gehen lassen. In die Mitte als Platzhalter jeweils eine Kugel aus Alufolie legen, Kränze mit Eiermilch bestreichen und im vorgeheizten Ofen bei 175 °C 20 Minuten backen. Auf einem Gitter auskühlen lassen. Alufolie entfernen und ein gefärbtes Osterei in die Mitte setzen. Oder beim Osterfrühstück ein weich gekochtes Frühstücksei im Osternest servieren.

> **Tipp**
>
> Diese Osternestchen eignen sich auch gut als Tischdekoration. Geben Sie dafür Ostergras und Schokoladeneier oder bunte Zuckereier in die Mitte des Nestchens.

Großes Osternest
Für den Teig:
500 g Mehl 405
20 g Hefe
ca. ¼ l Milch
50 g Zucker
100 g Butter
1 Ei
1 Prise Salz
Zitronenschale, abgerieben

Zum Bestreichen:
Eiermilch (1 Eigelb, 1 EL Milch)

Aus den Zutaten einen Hefeteig kneten und gehen lassen (Seite 24). Teig dritteln. Zwei der Drittel in jeweils zwei Teile teilen, zu insgesamt vier 50 cm langen Rollen formen. Einen Viererzopf flechten und zu einem Kranz zusammenfügen. Auf ein mit Backpapier belegtes Backblech legen und mit Eiermilch bestreichen. Das letzte Drittel in

zwei Teile teilen, zu 50 cm langen Strängen rollen und zu einer Girlande winden. Diese auf den Viererzopf legen. Zugedeckt 20 Minuten gehen lasen. Kranz mit Eiermilch bestreichen und im vorgeheizten Ofen bei 175 °C 45 Minuten backen. Auf einem Gitter auskühlen lassen.
Variante: Für einen **Osterzopf:** Das geflochtene Gebilde nicht zum Kranz zusammenlegen, sondern als geraden Zopf backen.

Quarkzopf mit Sesam
Für den Teig:
500 g Mehl
2 Backpulver
300 g Magerquark
⅛ l Milch
⅛ l Öl
1 TL Salz

Zum Bestreichen:
1 EL Sahne

Zum Bestreuen:
2 EL Sesamkörner

Mehl mit Backpulver mischen. Quark, Milch, Öl und Salz zugeben und zu einem Teig kneten. In drei Teile teilen und jeweils 40 cm lange Stränge formen. Einen Zopf flechten, auf ein mit Backpapier belegtes Blech legen, mit Sahne bestreichen und mit Sesam bestreuen, im vorgeheizten Ofen bei 175 °C 40–50 Minuten backen.

Service

Die Autorin

Doris Bopp, einer aktiven Landfrau aus dem Schwäbischen, wurde das Backen schon in die Wiege gelegt: Ihr Großvater, ein gelernter Bäcker, und ihre Großmutter, eine Köchin, hatten eine Gastwirtschaft mit Bäckerei. Die hat sie zwar nicht mehr kennengelernt, weil sie nur bis 1936 betrieben wurde, doch der Name blieb erhalten: Da sie in der Mittleren Straße wohnte und viele Familien im Dorf „Klein" hießen wie sie, wurde ihre Familie zur besseren Unterscheidung noch lange „Mittelgassbäck" genannt. Wenn Frau Bopp also als Kind gefragt wurde, zu welcher Familie sie gehöre, sagte sie „zum Mittelgassbäck" und die Leute wussten sofort Bescheid. Ihre Mutter war auch für ihre guten Backwaren bekannt und diese „Familientradition der Backfrauen" hat Doris Bopp dann ebenfalls weitergeführt. Jahrzehntelang gab sie Backkurse und konnte so ihre beliebtesten Rezepte an viele Frauen weitergeben. In diesem Buch hat sie nun uralte Familienrezepte und neuere – aber auch schon hundertfach bewährte – Rezepte aufgeschrieben, um sie, so sagt sie, vor allem für ihre Kinder und Enkelkinder und viele andere Interessierte zu erhalten.

Die Geschichtenerzähler

Um das Buch mit Geschichten aus alten Zeiten zu bereichern, wurde ein Aufruf im Landwirtschaftlichen Wochenblatt Baden-Württemberg formuliert. Gefragt war nach Erinnerungen, die sich rund ums Backen drehen. Aus den Einsendungen wurden die schönsten Geschichten und passendsten Passagen ausgewählt und zu den entsprechenden Themen gestellt. Ein herzlicher Dank gilt den Einsenderinnen und Einsendern, die ihre Erinnerungen mit den Lesern dieses Buchs teilen:

Agnes Amann aus Ravensburg
Angelika Berg-Steiniger aus Waldachtal-Cresbach
Emma Dangel aus Steinhausen
Martha Deigendesch aus Rosenfeld-Isingen
Christa Etzel-Märker aus Osterburken-Bofsheim
Sabine Felder aus Aulendorf
Helga Holzwarth aus Murrhardt
Ruth Jeutter aus Berglen
Heiderose Kozel-Rapp aus Belsenberg
Elfriede Rauscher aus Hohenheim-Ödenwaldstetten
Elfriede Wiedmann aus Neuenstein-Obersöllbach

Zum Weiterlesen

Beile, M.: Brot aus dem Brotbackautomaten. Ulmer, 2015

Beile, M.: Brotbacklust. 222 Rezepte für den Brotbackautomaten. Ulmer, 2016

Beile, M.: Gebäck für Dich. Kleine Freuden aus dem Brotbackautomaten, Ulmer, 2011

Beile, M.: Kuchen und Knabbereien aus dem Brotbackautomaten. Ulmer, 2011

Knittel, E., Maurer, R.: Weihnachtsgebäck. Traditionsrezepte aus Baden-Württemberg. Ulmer, 2007

Knittel, E., Maurer, R.: Spätzle, Maultaschen und Co. Ulmer, 2012

Merzenich, M. und Thier, E.: Brot backen. Traditionelles aus dem Holzbackofen. Ulmer, 2012

Teetz, P.: Weihnachtsbäckerei. Die besten Trends und Klassiker. Ulmer, 2009

Geißler, L.: Das Brotbackbuch Nr. 1: Grundlagen & Rezepte für ursprüngliches Brot. Ulmer, 2014

Geißler, L.: Das Brotbackbuch Nr. 2: Alltagsrezepte und Tipps für naturbelassenes Brot. Ulmer, 2015

Rezepte schnell nachschlagen

Bildquellen

Karl-Heinz Häussler GmbH: Seite 18
Ulrich Loeper: Seite 9
Rolf Maurer: Seite 11, 108
mauritius images/DK images: 29, 84
mauritius images / imagebroker / FHR: Seite 27
mauritius images/Ludwig Mallaun: Seite 7
mauritius images/Ypps: Seite 113
mauritius images/Food and Drink: Seite 35
Michael Ruder: Seite 4, 31 (2), 37, 40, 48, 52, 61, 67, 71, 77 (2), 81, 86, 89, 93, 95, 97, 100
Nileen Marie Schaldach: Titelfoto, Seite 2/3, 50, 55
alpenkoch/Shutterstock.com: Seite 20/21
Anna_Pustynnikova/Shutterstock.com: Seite 75
bitt24/Shutterstock.com: Seite 23
Christian Jung/Shutterstock.com: Seite 33
eyal granith/Shutterstock.com: Seite 25
Gorenkova Evgenija/Shutterstock.com: Seite 116
istetiana/Shutterstock.com: Seite 43
Karl Allgaeuer/Shutterstock.com: Seite 45
Timmary/Shutterstock.com: Seite 15
Stockfood/Bischof, Harry: Seite 104
StockFood/Eising Studio-Food Photo & Video: Seite 1
StockFood/FoodPhotogr. Eising: Seite 91
StockFood/Gräfe&Unzer Verlag/Rynio, Jörn: Seite 69
StockFood/Sporrer/Skwronek: Seite 64
Stockfood/Studio Schiermann: Seite 119
Fridhelm Volk: Seite 58, 73, 114

Bibliografische Information der Deutschen Nationalbibliothek
Die Deutsche Nationalbibliothek verzeichnet diese Publikation in der Deutschen Nationalbibliografie; detaillierte bibliografische Daten sind im Internet über http://dnb.d-nb.de abrufbar.

© 2012 und 2017 Eugen Ulmer KG
Wollgrasweg 41, 70599 Stuttgart (Hohenheim)
E-Mail: info@ulmer.de
Internet: www.ulmer.de
Umschlagentwurf: red.sign, Anette Vogt, Stuttgart
Lektorat: Ute Bartels, Christine Schneider
Herstellung: Isabell Scherrieble
Satz: pagina GmbH, Tübingen
Reproduktion: timeRay visualisierungen, Herrenberg
Druck und Bindung: aprinta Druck, Firmengruppe APPL, Wemding
Printed in Germany

ISBN 978-3-8001-8203-9